ENRIQUE RULOFF

JESÚS, ESTRATEGIA Y MISIÓN

UNA LECTURA DE
LOS EVANGELIOS
DESDE LA
PERSPECTIVA
DE JESÚS
COMO HIJO

Ruloff, Enrique Luis
   Jesús, estrategia y misión : una lectura de los evangelios desde la perspectiva de Jesús como hijo / Enrique Luis Ruloff. - 1a ed. adaptada. - Olivos : Ruloff, Enrique Luis, 2016.
   120 p. ; 21 x 14 cm.

   ISBN 978-987-42-0096-9

   1. Estilos de Liderazgo. I. Título.
   CDD 232

Copyright 2016 por Enrique Luis Ruloff
Borges 3247
(1636) Olivos - Buenos Aires
Tel. 54-11-4799-8533

ISBN Nº 978-987-42-0096-9
Hecho el depósito que marca la ley 11.723

Queda prohibida la reproducción total o parcial de
Este material, sin previa autorización del autor.

Diseño de portada e interior: DAF - Comunicación Gráfica dafcg@telecentro.com.ar

Producido en Argentina
Febrero de 2016 por Enrique Luis Ruloff

Para contactarse con el autor:
   E-mail: enriqueruloff@hotmail.com o fit.director@yahoo.com
      Facebook: Enrique Ruloff - Escritor
         Twitter: @EnriqueRuloff
            Tel. (+54) 011-4799-8533

PRÓLOGO

En este espacio quisiera expresar algunas palabras, acerca del autor, en cuanto al trasfondo, al estilo y al enfoque de este trabajo.

En cuanto al trasfondo, creo que es importante mencionar que Enrique Ruloff es alguien que ha recibido una sólida educación, tanto en Argentina como en el exterior y también ha adquirido una sólida experiencia en las áreas de la educación teológica y pastoral, dentro de las cuales se sigue moviendo al presente.

En cuanto al estilo, podría describirse como un "estilo bíblico". La Biblia fue inspirada por el mayor erudito en teología, y en cualquier otra ciencia o disciplina, que existe en el universo y más allá. Sin embargo, su mensaje va dirigido al pueblo, su lenguaje es popular y sencillo, y su propósito es 100 % pastoral. Salvando las distancias con esa estatura de autor, el autor de esta obra ha mantenido esa línea en toda su producción literaria anterior.

En cuanto a su enfoque, este se puede apreciar claramente en dos párrafos que se encuentran en los inicios del capítulo I. El primero tiene que ver con el "telón de fondo" desde el cual el Señor Jesucristo nos revela todas sus enseñanzas. "Cuando leemos los evangelios observamos que, cada vez que los oyentes le preguntaban algo a Jesús acerca de su identidad, de su obra, su propósito, su herencia, su poder, su autoridad, su familia, su mensaje, su filosofía, su teología, su legitimidad o su destino, Él siempre se refirió a 'Mi Padre'".

Desde esta misma perspectiva el autor vuelve a encarar estos temas tan cruciales en la revelación que nos entrega el Señor. Todas las enseñanzas del Maestro tienen su legitimidad en el hecho de que él es Hijo y, como tal, tiene la autoridad para revelar no solo las verdades del Padre sino al Padre mismo, así como su deseo de ofrecer esa misma relación gratuitamente a todo aquel que crea.

El segundo párrafo tiene que ver con el 'telón de fondo' de la historia de la creación y la caída originada también en un individuo. "Cuando Adán decide obedecer a su esposa en detrimento de la desobediencia a su Padre, introdujo el principio de la orfandad y, a partir de allí, todas las personas nacemos con una deficiencia muy trascendental: nuestra relación con el Supremo Padre está cortada y al convertirnos ingresamos a un programa de reconciliación con él".

En el desarrollo y especialmente al final de cada capítulo, y fiel a su objetivo pastoral, el autor nos va desafiando sobre las ventajas de ubicarnos más comprometidamente dentro de este programa de reconciliación con el Padre: un programa de 'regreso a casa' con todos los privilegios y responsabilidades que ello implica para un auténtico hijo de ese Padre.

Para concluir, y expresando mi evaluación global sobre este trabajo, diría que tiene un contenido "meduloso". Se trata de "comida sólida", bien servida y de fácil "digestión". Cada uno de los temas tratados debería ser seriamente reestudiado y reconsiderado más que seriamente por la iglesia de hoy. De todas las imágenes que el Nuevo Testamento usa para ilustrar que cosa es la iglesia, la más usada es la de 'familia', indicada por términos como 'Padre', 'Hijos', 'Hermanos', etc. Creo que hoy la iglesia está en un grave peligro de dejar de lado la imagen que Jesús y los apóstoles aún más quisieron reivindicar y sustituirla por otra u otras que están más de moda, cuyo único mérito es este: estar de moda.

El centrarse más y más en Jesús nunca fue tan urgente hoy después de la Edad Media. La Biblia, la vida y el ministerio, se interpretan a la luz de la exégesis, de la vida y de la práctica ministerial de Jesús, del Jesús hombre. El autor nos da una propuesta de ello.

Mgr. Vilmar Casal

ÍNDICE

INTRODUCCIÓN	7
1. LA LEGITIMIDAD DE JESÚS	13
2. LA OBRA DE JESÚS	21
3. EL PROPÓSITO DE JESÚS	29
4. LA IDENTIDAD DE JESÚS	37
5. EL PODER DE JESÚS	43
6. LA AUTORIDAD DE JESÚS	51
7. LA TEOLOGÍA DE JESÚS	59
8. JESÚS Y EL MINISTERIO QUÍNTUPLE	67
9. LA HERENCIA DE JESÚS	75
10. MI PADRE TRABAJA	83
11. JESÚS Y EL DESIERTO	89
12. LA FAMILIA DE JESÚS (AMPLIARLO)	97
13. VENCIENDO AL SISTEMA (AMPLIARLO)	105
CONCLUSIÓN	
LA MISIÓN DE JESÚS NUESTRA MISIÓN	111

INTRODUCCIÓN

Cada vez que leo los evangelios no deja de sorprenderme Jesús. En estos últimos años lo he hecho de diferentes maneras y utilizando diferentes anteojos. Los leí con los anteojos de la economía tratando de encontrar principios de cómo pudo él sostener su ministerio financieramente. Los leí con la posibilidad de meditar en las personas que se encontraron con él y como fueron transformadas por su amor y poder. Los leí tratando de descubrir cualidades de líder que tenía Jesús y como estos se aplican a nuestras vidas hoy. En este último tiempo los leí con los anteojos para descubrir cómo era la relación de Jesús Hijo, con su Padre.

Pretender en algunas páginas cubrir cada una de estas facetas es como pretender agarrar en un puño la arena suelta de cualquiera de los desiertos. Por lo tanto, antes de que comiences a leer quiero decirte que cada capítulo simplemente es un disparador y coincido plenamente con mi amigo Vilmar y uno de mis mentores, quien escribe el prólogo de este libro, que cada uno de los siguientes capítulos merecen que como iglesia los re estudiemos y profundicemos en cada uno de los temas propuestos.

Intenté desarrollar cada capítulo con el propósito de dejarnos no solamente una información, sino también un desafío personal. La propuesta es que Jesús nos sirva de modelo en nuestro peregrinaje espiritual y en especial en nuestra relación como hijos con nuestro Padre Celestial.

Estoy plenamente convencido de que si tomara cada capítulo y los releyera, habrían muchas cosas más para agregar o quizás quitar. Pero también necesito ser objetivo y coherente con la propuesta de que simplemente sean disparadores. El trabajo no está completo, hay mucho más para decir y escribir. Cada capítulo serviría para desarrollar un libro, ya que los temas son oportunos y se prestan para ello.

Quiera Dios que al leer este libro, cada uno de nosotros podamos:

- Imitar su obra, es decir, realizar la tarea que se nos ha sido encomendado
- Encontrar nuestra plena identidad en Cristo, sin la cual nuestro paso por esta vida se tornará dificultoso.
- Descubrir nuestro propósito en esta vida, de lo contrario pasaremos por aquí sin dejar las huellas que nos corresponde a nosotros dejarlas.
- Hacer uso correcto del poder y la autoridad que se nos ha sido conferido, sin los cuales no podríamos vivir la vida cristiana en la dimensión que Dios espera que vivamos.
- Experimentar esa gracia extrema y convertirnos en portadores de gracia hacia un mundo necesitado de ella. Necesitamos decidir en algún punto de nuestra vida si viviremos la vida cristiana basados en nuestras obras o basados en Su obra.
- Ejercitar correctamente los dones que nos han sido dados, teniendo en cuenta los ministerios que Jesús ha establecido para el desarrollo de Su iglesia.
- Servirle al único que se merece, hasta que no tengamos más aliento, porque solamente sirviéndole a él es que encontramos el verdadero sentido de nuestra vida aquí en la tierra.
- Disfrutar de la herencia que hemos recibido y de ser parte de una gran familia, aprendiendo a movernos en

INTRODUCCIÓN

nuestro rol de hijos.
- Vencer al sistema y ser embajadores de Jesús en el establecimiento y la expansión de Su Reino.

Mi oración es que la revelación recibida por ti hasta aquí pueda moverse a un nuevo nivel. Déjate sorprender por él.

1. LA LEGITIMIDAD DE JESÚS

Cuando leemos los evangelios y observamos cada vez que los oyentes le preguntaban a Jesús acerca de su identidad, o acerca de su obra, de su propósito, su herencia, su poder, su autoridad, su familia, su mensaje, su filosofía, su teología, su legitimidad o su destino, él siempre se refirió a "MI PADRE".

Para muchas personas hablar bien del padre u honrar al padre sería como un signo de debilidad; sin embargo en Jesús vemos todo lo contrario. Su relación y su percepción de su Padre debería servirnos como modelo para poder medir nuestra efectividad como padres y en especial como personas.

Por alguna razón, cuando los discípulos le piden a Jesús que les enseñe a orar, él les dice en Mateo 6:9, *"Cuando ustedes oren, háganlo así: Padre nuestro que estás en los cielos..."*.

Los israelitas, a través de dos milenios, habían experimentado a Dios de diversas maneras, como ser: el proveedor, el escudo, el sanador, el rey, etc. Pero ahora viene Jesús y en una de sus primeras enseñanzas les indica a sus discípulos a como comenzar una oración.

No está mal si comenzamos orando: *"Oh Dios eterno, creador del uni-*

verso....", pero ¿no les parece que es mucho más íntimo si comenzamos diciendo: *"Padre amado, o Papito, creador del universo..";*?

Cuando observamos a la sociedad en general y a la iglesia en particular, notamos que hay una tremenda necesidad en las personas de regresar a Dios el Padre. Una de las razones por las cuales Jesús viene a este mundo ha sido para componer el problema de orfandad de las personas.

Cuando Adán decide obedecer a su esposa en detrimento de la desobediencia de su Padre, introdujo el principio de orfandad y a partir de allí todas las personas nacemos con una deficiencia muy trascendental; nuestra relación con el Supremo Padre está cortada y al convertirnos ingresamos a un programa de reconciliación con Él.

Tanto hombres como mujeres estamos en la búsqueda de un Padre. Sin Dios el Padre, un esposo no puede saber como ser un padre para su esposa y para sus hijos. Sin un padre en el hogar no solo los hijos crecen con un espíritu de orfandad, sino que las mismas esposas también sufren.

Jesús conocía al Padre y se convirtió en el origen y progenitor de una nueva raza de padres. No podemos entonces ser verdaderos padres a menos que tengamos un verdadero padre para nosotros. Podemos crear o generar como padres en nuestros hijos sólo aquello que hemos recibido de nuestro Padre.

En el diseño original de Dios, Adán recibiría las instrucciones del Padre Celestial y luego él las compartiría con su esposa e hijos. Pero él creyó que podría convertirse en un buen padre sin la necesidad de un Padre Celestial. ¿Por qué hay muchas mujeres e hijos que cometen errores? Básicamente porque no hay un padre que entienda el diseño original de Dios y lo aplique a su familia.

Entonces surge una pregunta concreta ¿cómo puede ser restaurada la verdadera paternidad?. Cuando leemos la Biblia descubrimos que la salvación es el resultado de un hombre llamado Jesús, el segundo Adán, proveyendo a los hijos huérfanos el camino, el sendero para regresar al Padre Celestial y a la identidad original que tenían con Él.

La misión de Jesús consistió en devolverle a la humanidad huérfana

LA LEGITIMIDAD DE JESÚS

la relación con el Padre Celestial que se había roto y de esa manera restaurar las relaciones familiares en la tierra para que regresáramos al modelo original con el cuál Dios nos había soñado y diseñado.

Malaquías profetizó que esto sucedería cuando Juan el Bautista comenzara su ministerio y preparara el camino para el Mesías. Leemos en Malaquías 4:6 *"El hará volver el corazón de los padres hacia los hijos, y el corazón de los hijos hacia los padres, no sea que venga yo y hiera la tierra con maldición".*

Lo único que puede darnos una verdadera legitimidad es experimentar a Dios como Padre. No podemos descubrir quienes somos mirando a los artistas de turno, políticos o líderes religiosos que tampoco saben quienes son.

Puedo ser un hombre que haya amasado fortunas, que haya alcanzado altos títulos, que haya logrado tremendas metas, pero si fallo en cumplir el llamamiento que Dios tiene para mi como persona, entonces habré fracasado.

La medida de éxito de una persona está directamente relacionada en la efectividad de seguir los caminos de Dios, quien es nuestro único verdadero ejemplo y parámetro para nuestra vida.

Mucho se habla de paternidad en este tiempo, pero si queremos interiorizarnos en el tema, necesitamos regresar al diseño original, necesitamos meditar en el ejemplo máximo que tenemos en las Escrituras que es la relación de Jesús con su Padre Celestial.

Cuando leemos los evangelios, observamos que Jesús habló más que ninguna otra persona de Su Padre. Él expresó y confesó su necesidad, su dependencia y su sumisión a su Padre cada vez que tuvo oportunidad de hacerlo. Simplemente para que lo tengamos en cuenta, la legitimidad de Jesús está basada en lo siguiente:

Semejanza Divina

Juan 14:8-11 *"Felipe le dijo: Señor, muéstranos al Padre, y nos basta. Jesús le dijo: ¿Tanto tiempo he estado con vosotros, y todavía no me* *conoces, Felipe? El que me ha visto a mí, ha visto al Padre; ¿cómo dices tú: "Muéstranos al Padre"? ¿No crees que yo estoy en el Padre, y el Padre en mí? Las palabras que yo os digo, no las hablo por mi propia cuenta, sino que el Padre que mora en mí es el que hace las obras. Creedme que yo estoy en el Padre, y el Padre en mí; y si no, creed por las obras mismas".*

Juan 8:19 *"Entonces le decían: ¿Dónde está tu Padre? Jesús respondió: No me conocéis a mí ni a mi Padre. Si me conocierais a mí, conoceríais también a mi Padre".*

Juan 10:30 *"Yo y el Padre somos uno"*

El mejor cumplido que alguien puede darnos como padres es que se diga que nuestros hijos se nos parecen. Esto debería ser así, en especial con las cosas buenas. Hay una impronta no sólo en los genes, no sólo en lo físico; sino también en gestos, maneras de expresar, formas de pensar o carácter que podemos transmitirles a nuestros hijos.

Jesús y el Padre eran uno, por lo tanto conocer a Jesús es conocer al Padre. Pero así como los israelitas experimentaron diferentes facetas de Dios a lo largo de la historia, muchas veces nos pasa lo mismo, conocemos otras facetas de Dios, pero no lo experimentamos como Padre.

Concepción Divina

Juan 8:42 *"Jesús les dijo: Si Dios fuera vuestro Padre, me amaríais, porque yo salí de Dios y vine de El, pues no he venido por mi propia iniciativa, sino que El me envió".*

Juan 16:28 *"Salí del Padre y he venido al mundo; de nuevo, dejo el mundo y voy al Padre".*

Si bien Jesús tuvo un padre terrenal que fue José, el origen de su existencia es sobrenatural. El fue concebido no por una relación íntima entre María y José, sino por la obra milagrosa del Espíritu Santo.

Su origen es divino, por lo tanto aunque es verdad que fue 100 % hombre, también es verdad que fue 100 % divino. El nunca dejó de ser Dios, sí se despojó de los atributos de Dios y vivió y ministró dependiendo del Espíritu Santo.

Quizás nuestros padres no nos tenían en sus planes, pero es bueno que sepamos que siempre estuvimos en los planes de Dios. Y si Él permitió que nazcamos es porque tiene un propósito con nuestra vida. Si creemos en la soberanía de Dios, entonces nuestro origen también es divino, porque el nos conoce desde antes de la fundación del mundo.

Presencia Divina

Juan 8:26-29 *"Tengo mucho que decir y juzgar de vosotros, pero el que me envió es veraz; y yo, las cosas que oí de El, éstas digo al mundo. No comprendieron que les hablaba del Padre. Por eso Jesús dijo: Cuando levantéis al Hijo del Hombre, entonces sabréis que yo soy y que no hago nada por mi cuenta, sino que hablo estas cosas como el Padre me enseñó. Y El que me envió está conmigo; no me ha dejado solo, porque yo siempre hago lo que le agrada".*

Por medio de la oración y la dependencia del Padre, Jesús mantuvo una estrecha y perfecta relación con él. Eso le dio garantía y seguridad de que sin importar a donde fuera o estuviera, el Padre estaría con él.

El único momento donde Jesús se sintió solo fue cuando al morir en la cruz, el Padre tuvo que darle la espalda porque Jesús estaba cargando sobre si el pecado del mundo y se estaba convirtiendo en maldito. Por eso el exclama: *"Dios mío, Dios mío, por qué me has abandonado"* (Marcos 15:34).

Hay cientos de promesas a lo largo de la Biblia donde una y otra vez Dios nos recuerda que estará con nosotros, que no nos abandonará, que así como estuvo con otros también estará con nosotros. La única condición que nos pide para asegurarnos su compañía es que hagamos lo que le agrada, que lo amemos, que guardemos sus mandamientos.

Amplificación Divina

Juan 8:38 *"Yo hablo lo que he visto con mi Padre; vosotros, entonces, hacéis también lo que oísteis de vuestro padre".*

Juan 15:15 *"Ya no os llamo siervos, porque el siervo no sabe lo que hace su señor; pero os he llamado amigos, porque os he dado a conocer todo lo que he oído de mi Padre".*

La intimidad que Jesús desarrolló con el Padre le permitió tener su oído agudizado para escuchar cada palabra, consejo o directiva que el Padre le daba. El mensaje de Jesús en realidad era el mensaje del Padre. No hubo nunca un doble discurso o un mensaje paralelo como lo podemos quizás encontrar hoy.

Nosotros como cristianos no tenemos un mensaje propio, somos amplificadores del mensaje de Jesús. Hay una sola buena noticia y es lo que Dios piensa y no lo que a nosotros se nos antoja.

Imitación Divina

Juan 10:25 *"Jesús les respondió: Os lo he dicho, y no creéis; las obras que yo hago en el nombre de mi Padre, éstas dan testimonio de mí".*

Juan 10:37-38 *"Si no hago las obras de mi Padre, no me creáis; pero si las hago, aunque a mí no me creáis, creed las obras; para que sepáis y entendáis que el Padre está en mí y yo en el Padre".*

Un viejo dicho reza: *"para muestra sobra un botón"*. El ejemplo habla más que mil palabras. Alguien ha dicho: *"Tus hechos hablan tan fuerte que no me permiten escuchar tus palabras"*.

En la antigüedad un hijo continuaba la profesión del padre, por eso en los orígenes de los apellidos aparecen muchos que significan el oficio, como ser Schumacher (zapatero); Bekker (panadero), Hunt (cazador), etc. Las obras que Jesús hizo eran todas copias de lo que el Padre hacía.

Muchos se presentan hoy día como modelos para que otros los imitemos y la verdad es que dejan mucho que desear. Vivimos en una sociedad carente de buenos ejemplos y es urgente la necesidad de que se levanten cristianos, que al igual que el apóstol Pablo puedan decir: *"Imítenme a mi así como yo imito a Cristo"*.

Es imperioso que cada uno de nosotros pulamos nuestra identidad

LA LEGITIMIDAD DE JESÚS

para poder tener una identidad extrema, es decir, una identidad que sea el fiel reflejo del Padre, el perfecto reflejo de quien nos creó.

Quiero invitarte a que en este tiempo estés releyendo los evangelios pero con los anteojos de la relación de Jesús con su Padre, para de esa manera encontrar y disfrutar de ese secreto que le dio sentido e identidad a la vida y ministerio de Jesús.

2. LA OBRA DE JESÚS

En tiempos de Jesús, la raíz de la incredulidad de los judíos era por no conocer al Padre Celestial. Si no tenemos la oportunidad de conocer a Dios como Padre, entonces nuestro conocimiento de Jesús es parcial. La incredulidad es causada por la orfandad del Padre.

Hoy más que nunca, como hijos debemos regresar a la Casa del Padre. Cuando nosotros, al igual que el hijo pródigo, decidimos vivir nuestra vida por nuestra cuenta, entonces nuestro fin es comer las algarrobas que el enemigo nos ofrece.

Al principio parece que todo va a salir bien. El enemigo nos hace creer que podemos decidir cómo usar la herencia que recibimos, con quien debemos compartirla, como podemos invertirla. Nos hace creer que somos igual a Dios y que no necesitamos de su guía, o consejo.

Pero luego de un tiempo nos damos cuenta que aquellos que decían ser nuestros amigos ya no están, que la salud que parecía interminable, dejó de ser; que la felicidad que aparentemente brillaba, se opacó; que la satisfacción que creíamos que nunca se acabaría, se transformó en amargura, soledad y vacío. Sin darnos cuenta, terminamos comiendo las algarrobas de los cerdos.

Por eso es imperativo que una y otra vez regresemos al modelo original, al diseño con el cual Dios nos ha creado. Si bien Génesis habla al respecto, tenemos mucha más información con el segundo Adán, que es Jesús. Jesús vivió en sus 33 años sobre la tierra lo que Adán y Eva tendrían que haber vivido.

Quiero mostrarte seis áreas en donde Jesús manifiesta cómo era su obra, las maneras y razones por las cuales él operaba como operaba:

Nada hace por su cuenta

Juan 8:26-28 *"Son muchas las cosas que tengo que decir y juzgar de ustedes. Pero el que me envió es veraz, y lo que le he oído decir es lo mismo que le repito al mundo. Ellos no entendieron que les hablaba de su Padre. Por eso Jesús añadió: Cuando hayan levantado al Hijo del hombre, sabrán ustedes que yo soy, y que no hago nada por mi propia cuenta, sino que hablo conforme a lo que el Padre me ha enseñado".*

Jesús no hacía nada por su cuenta. En realidad él era una extensión del Padre. En términos modernos esto se conoce como TESTAFERRO. Un testaferro, según la Real Academia Española, es una persona que presta su nombre en un contrato o negocio que en realidad es de otra persona.

Si el hijo pródigo hubiese consultado a su padre como debía haber utilizado su herencia, la hisoria hubiese sido diferente. Si Adán y Eva le hubiesen respondido a la serpiente: *"gracias por tus consejos, pero en realidad nos alineamos a los consejos de nuestro Padre"*, entonces hoy no estaríamos hablando de esto.

Cada vez que el ser humano prioriza otros consejos que no sean de nuestro Padre Celestial, entonces no debemos sorprendernos de los resultados que obtenemos. No podemos pretender llegar a puerto seguro, si tomamos atajos y caminos en la dirección contraria.

Hace lo que le agrada al Padre

Juan 8:29 *"El que me envió está conmigo; no me ha dejado solo, porque siempre hago lo que le agrada".*

LA OBRA DE JESÚS

El placer más grande del enemigo es hacer exactamente lo opuesto a la voluntad de Dios. Pero también debemos recordarnos que ese aparente placer, luego se transforma en dolor, angustia y depresión. El sexo ha sido creado por Dios como algo hermoso, para ser disfrutado dentro del marco del matrimonio, pero si decidimos adelantarnos o salirnos del marco de ese propósito, entonces no deberíamos sorprendernos luego de embarazos no deseados, enfermedades contraídas, divorcios o perversiones practicadas.

La satisfacción más grande de Jesús fue hacer todo aquello que le agradaba a Su Padre. ¿Qué cosas le agradaba a Su Padre?. Solo para nombrar algunas cosas:

Honestidad. Trabajo. Dependencia. Santidad. Pasión. Entrega. Servicio. Perseverancia. Fe. Confianza. Sacrificio. Sencillez. Humildad, etc.

La obediencia al principio puede parecer dolorosa o costosa, pero al final el fruto es apetecible.

Honra al Padre

Juan 8:49 *"No estoy poseído por ningún demonio —contestó Jesús—. Tan sólo honro a mi Padre; pero ustedes me deshonran a mí".*

Juan 17:1 *"Después de que Jesús dijo esto, dirigió la mirada al cielo y oró así: Padre, ha llegado la hora. Glorifica a tu Hijo, para que tu Hijo te glorifique a ti"*

Honrar a alguien significa:

- Estima y respeto de la dignidad de la otra persona.
- Demostración de aprecio que se hace de alguien por su virtud y mérito.
- Enaltecer o premiar su mérito

Como podemos observar, la honra nos quita a nosotros del centro y en este caso, lo coloca a Dios. ¿Por qué nos cuesta honrar a una persona? Porque nosotros no somos el centro, sino la otra persona y para hacer eso nuestro egoísmo debe estar crucificado.

Honrar a Dios significa entonces que Él se convierte en el centro de nuestra vida, significa que no haremos nada que pueda dolerle u ofenderle. Es mucho más de lo que cantamos o declaramos en un servicio del día domingo; sino que es lo que vivimos las 24 horas de cada día de la semana.

Guarda Su Palabra

Juan 8:54-55 *"Si yo me glorifico a mí mismo —les respondió Jesús—, mi gloria no significa nada. Pero quien me glorifica es mi Padre, el que ustedes dicen que es su Dios, aunque no lo conocen. Yo, en cambio, sí lo conozco. Si dijera que no lo conozco, sería tan mentiroso como ustedes; pero lo conozco y cumplo su palabra".*

Juan 15:8-10 *"Mi Padre es glorificado cuando ustedes dan mucho fruto y muestran así que son mis discípulos. Así como el Padre me ha amado a mí, también yo los he amado a ustedes. Permanezcan en mi amor. Si obedecen mis mandamientos, permanecerán en mi amor, así como yo he obedecido los mandamientos de mi Padre y permanezco en su amor".*

El salmista se preguntaba: *"¿Cómo puede el joven limpiar su camino?".* Y la respuesta la daba el mismo diciendo: *"Guardando los preceptos de Dios"* (Salmo 119:9).

Luego el afirma: *"Lámpara es a mis pies tu palabra y lumbrera a mi camino"* (Salmo 119:105).

¿Necesitas dirección para tus estudios?. ¿Necesitas saber con quién te casarás?. ¿Necesitas sabiduría para tu trabajo?. ¿Necesitas paciencia para tu familia?. Si es así, entonces acude a la Palabra, ya que ella es la que te va a alumbrar para que andes en el camino correcto.

Recuerdo que en nuestra infancia, vivíamos en el campo, no teníamos luz eléctrica y tampoco TV. Unos vecinos habían comprado una TV que la hacían funcionar con la batería del tractor. Entonces mis hermanos y yo, algún que otro sábado a la noche, tomábamos una linterna y caminábamos por un sendero entre el monte para ver algún programa tipo Familia Ingals, la Pantera Rosa o el Gran Chaparral. Para no perdernos, la linterna guiaba nuestros pies y debíamos tomar el camino correcto para regresar a casa.

No hay posibilidad alguna de experimentar la verdadera felicidad tomando atajos, desviándonos de lo que es recto ante los ojos de Dios. Lo que el enemigo nos ofrece es una felicidad pasajera, pero que luego se transforma en dolor. Al entrar a nuestra boca parece dulce como la miel, pero al tragarlo es amargo como ajenjo.

Opera en nombre del Padre

Juan 10:25 *"Ya se lo he dicho a ustedes, y no lo creen. Las obras que hago en nombre de mi Padre son las que me acreditan".*

Juan 10:37-38 *"Si no hago las obras de mi Padre, no me crean. Pero si las hago, aunque no me crean a mí, crean a mis obras, para que sepan y entiendan que el Padre está en mí, y que yo estoy en el Padre".*

Juan 14:11 *"Créanme cuando les digo que yo estoy en el Padre y que el Padre está en mí; o al menos créanme por las obras mismas".*

Si yo pretendo vivir la vida cristiana operando en mis propias fuerzas o bajo mi nombre, entonces no me debo sorprender si no obtengo los resultados que espero. Pero si aprendo a operar en el nombre de Jesús, ya sea en lo personal o aplicando la ley del acuerdo, entonces los resultados que espero pueden ser una realidad.

Lucas, en el libro de los Hechos nos relata acerca de los siete hijos de un tal Esceva que un día trataron de liberar a una persona que estaba endemoniada. Ellos no conocían a Jesús, por lo tanto fueron en sus propios nombres. Lucas cuenta que los siete terminaron golpeados y desnudos. Habían tratado de hacer algo que sólo se puede realizar bajo la guía del Espíritu Santo y utilizando correctamente el nombre de Jesús.

No hay ministerio duradero que esté construido sobre nuestra persona, sin importar si los dones son espectaculares o no. La única manera de construir algo que perdure es haciéndolo en el nombre de Jesús y bajo su directiva. La única forma que una casa pueda perdurar en el tiempo es si ésta está construida sobre la Roca que es Jesús.

Completa lo que el Padre le encomienda

Juan 17:3-5 *"Y ésta es la vida eterna: que te conozcan a ti, el único Dios verdadero, y a Jesucristo, a quien tú has enviado. Yo te he glorificado en la tierra, y he llevado a cabo la obra que me encomendaste. Y ahora, Padre, glorifícame en tu presencia con la gloria que tuve contigo antes de que el mundo existiera".*

2 Timoteo 4:7 *"He peleado la buena batalla, he terminado la carrera, me he mantenido en la fe".*

Procrastinar es la acción de postergar, aplazar o no completar algo que se nos ha sido asignado. Vivimos en una sociedad con una tremenda falta de compromiso. Subimos, bajamos, bloqueamos y admitimos a nuestros amigos en el Facebook y otras redes sociales como si se tratara de un cambio de vestimenta.

En muchas comunidades las parejas deciden convivir y no casarse, otros que se casan al poco tiempo deciden disolver lo que un día se comprometieron a guardarlo hasta que la muerte los separara.

Las iglesias cuentan con cristianos que hoy fervorosamente abrazan la fe en Jesús, pero que mañana maldicen y se arrepienten de haberlo hecho porque no consiguieron los resultados esperados en el tiempo que se establecieron o porque cedieron antes la presión de las dificultades.

Si leemos la parábola del sembrador, observaremos que sólo un 25% cae en un terreno que lleva fruto. Lo demás cae en el camino, entre espinos y entre piedras.

Pablo, escribiendo a su joven discípulo Timoteo le dijo que había completado su tarea, que había guardado la fe y que se había mantenido firme en medio de la batalla.

¿Queremos vivir como Jesús vivió y actuar como Él lo hizo?. Entonces necesitamos regresar a la fuente. Necesitamos experimentar el corazón de la paternidad y adoptar para nuestra vida el ejemplo de Jesús.

Hay muchos que quieren decirnos como obtener la felicidad o como lograr el éxito; pero sólo Jesús es el ejemplo perfecto que nos puede conducir a buen puerto. Si has estado vacilando entre muchos modelos y diferentes voces, acércate hoy a Jesús y dile una vez más que sólo quieres seguirle a Él.

3. EL PROPÓSITO DE JESÚS

La mejor manera de no llegar a ninguna parte es no saber a dónde ir. Jesús, además de ser un ejemplo en cuanto a su identidad y su obra, también es un ejemplo en cuanto al propósito que tenía en esta vida.

El sabio Salomón, hace muchos años atrás escribió: *"Donde no hay visión, el pueblo se extravía. Sin dirección, la nación fracasa; el éxito depende de los muchos consejeros"* (Proverbios 29:18 y 11:14).

Jesús tenía bien en claro, desde temprana edad, cuál era su misión en la tierra. Tenía que estar en los negocios de su Padre y el negocio de su Padre era salvar a la humanidad., propósito, que se resume en esta frase: *"Yo he venido para salvar al mundo"* (Juan 3:17).

En términos empresariales, la misión de Jesús en la tierra fue salvar a la humanidad. La visión o la estrategia para lograr eso fue a través de su muerte en la cruz y resurrección al tercer día.

Para lograr su objetivo, Jesús siguió unas pautas básicas de liderazgo, que lo podemos ver en los siguientes puntos:

Identidad clara

Más adelante nos concentraremos específicamente en este tema. Pero aquí simplemente quiero comentar lo siguiente al respecto: Cuando Jesús tenía alrededor de 30 años de edad, se había levantado en Israel un profeta llamado Juan el Bautista. Este hombre fue brillante en todo lo que hizo durante su corto ministerio de seis meses. Su objetivo era preparar el terreno para la llegada de Jesús, luego él fue quitado del escenario.

Un día cuando Juan bautizaba a sus seguidores en el río Jordán, se acercó Jesús para que éste lo bautizara. Los evangelios narran que en ese momento, cuando Jesús fue bautizado reposó sobre él una paloma, símbolo del Espíritu Santo, quien le daría poder para desarrollar su ministerio y a su vez se escuchó una voz del cielo que decía: *"Este es mi Hijo amado con quien estoy contento"*, lo cual le daba autoridad para llevar adelante su tarea.

Días después, cuando Jesús es tentado por el enemigo en el desierto, lo primero que este trata de cuestionar es la identidad de Jesús. Una y otra vez le dice *"Si tu eres el Hijo de Dios, has esto, aquello o lo otro"*.

Jesús no cayó en la tentación y supo mantenerse firme en su identidad. El no solamente supo que era Hijo de Dios, sino que también sabía que Dios era su Padre. No tuvo problemas de identidad. Al regresar del desierto, dice Lucas, que lo hizo en el poder del Espíritu Santo.

No hay posibilidad de tener éxito en algo que emprendamos si no sabemos quiénes somos, si no tenemos en claro nuestros dones, capacidades y talentos; si no amamos lo que hacemos.

Si tu esencia es ser carpintero no podrás tener éxito y ser feliz vendiendo verduras. Podrás tener éxito pero la diferencia se lo llevará el terapeuta porque en el fondo de tu ser sabrás que no estás haciendo aquello para lo cual fuiste creado.

Target definido

Cuando leemos los evangelios descubrimos que el target de Jesús eran

EL PROPÓSITO DE JESÚS

los seres humanos, y de estos específicamente todos aquellos que se reconocían enfermos o necesitados.

En varias oportunidades él dijo que no vino a salvar a los justos, a los que creen que están bien, sino a los enfermos, a los necesitados de amor, gracia y perdón.

Jesús se concentró en esa gente y a esa gente, sin importar el sexo, trasfondo cultural o nacionalidad; les habló acerca de las buenas noticias, sanó a los que estaban enfermos, liberó a los que estaban oprimidos, les anunció el mensaje de salvación. En resumen; les dio un anticipo de lo que será la eternidad en un futuro no muy lejano.

Cualquier empresa o negocio, para ser exitosa, necesita conocer su target. No es lo mismo vender heladeras o helados en el polo norte o sur que en Centro América. No es lo mismo vender ascensores en un pueblo que en una ciudad donde abundan los rascacielos.

Conocer nuestro mercado, nuestros potenciales compradores es clave para el éxito. Jesús sabía quiénes eran los que valorarían su trabajo.

Funciones claras

Otro aspecto importante para el éxito de un negocio es saber lo que debemos hacer. De alguna manera necesitamos concentrar nuestro esfuerzo y no estar tirando cientos de perdigones a una paloma con la idea de que algún perdigón la alcanzará.

Jesús sabía exactamente para que había venido al mundo. Su único objetivo era salvar a la humanidad, pagar el costo de lo que nos distanciaba del Padre. Con eso en mente construyó su vida y ministerio.

Al igual que en una empresa hay una agenda diaria de actividades para que la producción se lleve a cabo en tiempo y forma, del mismo modo necesitamos saber exactamente para que estamos en este mundo y tratar de ser fieles a ese llamado o vocación y dar los pasos necesarios para concretarlos, de lo contrario estaremos dando vueltas en la calesita mucho tiempo.

Foco centralizado

Es fácil distraernos. Cuando Jesús estuvo en la tierra, especialmente durante los tres años y medio de ministerio; el enemigo intentó varias veces de distraerlo, de sacarlo del foco. Le ofreció atajos para lograr su objetivo, que en realidad lo hubiese apartado para siempre.

En un momento, aún utilizó a uno de sus discípulos más íntimos, quien quería persuadirlo para que no fuera a Jerusalén y entregara su vida allí. Jesús tuvo que exhortarlo con una palabra muy fuerte, al decirle: *"Apártate de mí Satanás, porque no pones la mirada en las cosas de Dios, sino en la de los hombres"* (Mateo 16:23).

Si nuestro negocio se dedica a vender artículos de limpieza, no podemos vender helados, por más que esa semana haga calor y la tentación esté a la puerta. Si ofrecemos servicio de consultoría para empresas en el área de finanzas, no podemos entrar en la compra y venta de jugadores de futbol.

Muchas veces las circunstancias querrán que nos desviemos, pero debemos perseverar en la meta. Thomás Edison intentó miles de veces la fórmula para descubrir el filamento de la lámpara incandescente. Sin embargo él se había propuesto un objetivo y nada ni nadie le sacó del foco hasta que logró obtener lo que se había propuesto.

Los hermanos Wright perseveraron casi 20 años hasta que el primer avión sobrevoló la ciudad de Nueva York, aún cuando en el proceso uno de ellos falleció al intentar elevar el aparato.

Cientos de científicos tardan años trabajando en un laboratorio hasta que finalmente descubren la droga para curar cierta enfermedad. A pesar de los momentos difíciles, tuvieron que perseverar hasta llegar a la cima.

Procedimiento claro

Nunca vamos a lograr el éxito en nada que emprendamos sin una estrategia, sin un mapa de ruta. Podemos alquilar el mejor local, iluminarlo y decorarlo, pero hay una distancia entre eso y la llegada de los clientes. Necesitamos armar una estrategia, un estudio de mercado, un plan a seguir.

Cuando leemos los evangelios descubrimos que Jesús no fue ningún improvisado. Desde pequeño él siguió una estrategia que luego lo posicionó como el Mesías, como el Salvador del Mundo. Esta estrategia o plan consistió en los siguientes pasos:

- **Establecer relaciones.** Desde pequeño, a través del negocio de su padre y luego cuando él estuvo al frente, aprovechó su oficio para establecer relaciones, para aprender a comunicarse, para ganar un espacio de respeto. Cuando él comienza su ministerio en Nazaret, era conocido como el hijo del carpintero. En otras palabras durante esos años estaba en sociedad.

- **Seleccionar al equipo.** Solos podemos correr más rápido, pero juntos podemos llegar más lejos. Jesús se tomó seis meses para enseñar, predicar, sanar, liberar, recorrer diferentes lugares y luego de ese tiempo el invirtió una noche entera para orar y pedirle a su Padre discernimiento y guía para seleccionar a quienes serían parte de su equipo más íntimo.

  Al hacerlo Jesús miró al futuro, porque ellos serían los que continuarían con la tarea. El no fue un improvisado. ¿Queremos ser exitosos en lo que emprendemos, debemos pensar a quien le pasaremos la posta?.

- **Entrenar al equipo.** Durante los próximos tres años Jesús entrenó a su equipo. Los expuso a diferentes situaciones. Les dio charlas con ejemplos y parábolas. Les enseñó a sanar y a liberar, como también a lidiar con los líderes religiosos de su época. El no los mandó al campo de acción sin las herramientas necesarias.

- **Probar al equipo.** Una vez que les dio un entrenamiento básico los envió de dos en dos a hacer lo mismo que él les enseñó, pero él no fue con ellos ya que quería que entendieran que esa tarea podrían hacerlo si la presencia física de él.

- **Evaluar al equipo.** Cuando regresaron del viaje misionero los evaluó. Ellos trajeron un informe. Además, en reiteradas ocasiones vemos a Jesús ampliándoles información luego de alguna enseñanza o milagro, como cuando les comparte la parábola del sembrador o cuando libera al hombre epiléptico.

- **Empoderar al equipo.** En reiteradas ocasiones lo hizo, pero al final de su tiempo en la tierra les transfirió la autoridad y el poder que él tenía para que ellos pudieran hacer lo mismo. Y esa transferencia de autoridad y poder también lo hizo extensiva a los que habríamos de creer a través del testimonio de los discípulos.

- **Dejar que el equipo haga la tarea.** Finalmente, cuarenta días después de su resurrección, Jesús partió a los cielos. Diez días después, tal como él había prometido, los primeros 120 cristianos, reunidos en un aposento alto en Jerusalén, fueron investidos de poder. A partir de allí y por más de 2000 años la iglesia ha estado haciendo esa tarea.

Jesús prometió a su equipo base y a todos los que creerían en él a través del testimonio de ellos, que un día regresaría a buscarnos.

La Biblia habla de que en un futuro cercano, millares de millares, de diferentes lenguas, tribus, etnias y naciones, que han creído en Jesús, se reencontrarán con él. Allí ya no habrá dolor, ni lágrimas, ni enfermedades.

Mientras tanto, como le dijo a sus discípulos, él fue a preparar un lugar para cada uno de los que habríamos de creer en él.

Si tenemos claro nuestro propósito en esta vida, entonces también habremos de lograr esos objetivos. Y cuando hay objetivos logrados es bueno celebrarlo.

Jesús habló de recompensas en esta vida como perdón, gracia, gozo, paz, cuidado, protección, sanidad y provisión. Pero también habló de recompensas eternas.

Tener una visión determina el calibre de una persona. El que tiene una

EL PROPÓSITO DE JESÚS

visión está llamado a liderar. Jesús desde pequeño tenía un sentido de su destino. Eso le permitió tener en claro quién era, a quién pertenecía y para que estaba en este mundo.

él mantuvo en claro ese llamado sin desviarse a ningún lado. Tener en claro su propósito y misión fue uno de los regalos más grandes de su relación con su Padre Celestial.

¿Todavía no sabes la razón de tu existencia, el propósito de tu vida?. Siéntate a los pies del Maestro y espera a que él te lo revele. Busca su rostro, clama y él te mostrará esos secretos grandes y ocultos que todavía no conoces (Ver Jeremías 33:3).

4. LA IDENTIDAD DE JESÚS

Se dice que reputación es lo que la gente piensa acerca de nosotros y carácter es lo que Dios piensa acerca de nosotros. Lo cierto es que lo que nosotros somos con el tiempo habla más fuerte que lo que nosotros decimos. De ahí la importancia de que nuestra vida esté centrada en lo que somos en Cristo y no tanto en lo que hablamos.

Hay personas que construyen su ministerio en base a los dones y otros que construyen en base al carácter. Lo cierto es que si el ungido de Dios no tiene carácter, entonces la unción, con el tiempo, termina destruyendo al ungido.

Cuando estudiamos la vida de Jesús y tratamos de comprender el corazón de la paternidad, es decir, su relación con su Padre, observamos que su identidad como persona no está construida sobre los milagros o señales, sino sobre quien era en realidad.

Cuando nos remitimos al principio, Jesús, siendo La Palabra, estuvo en el mismo acto de la creación. Todo lo creado fue hecho por medio de la palabra y en Juan 1:1 el evangelista afirma *"En el principio era el Verbo, y el Verbo era con Dios, y el Verbo era Dios"*. Aquí vemos la identificación de Juan de que Jesús estaba desde un principio.

Cuando Dios llama a Moisés, desde la zarza que ardía y no se consumía, (Éxodo 3) para que este fuera a liberar al pueblo de Israel de la esclavitud de Egipto, Moisés en un momento le dice: *"Si ellos me preguntan ¿cuál es el nombre? ¿qué le responderé?. Entonces Dios le dijo a Moisés: Así le dirás al pueblo de Israel: YO SOY EL QUE SOY, me envió"* (Éxodo 3:13-14).

Recordemos algo que dicen las Escrituras en referencia al Antiguo Testamento: *"Y estas cosas les acontecieron como ejemplo, y están escritas para amonestarnos a nosotros, a quienes han alcanzado los fines de los siglos"* (1 Corintios 10:11). Moisés, como libertador de Israel, es un prototipo de Jesús como el libertador y salvador de la humanidad.

Siglos después de la aparición de Moisés llega Jesús y él, teniendo como audiencia prioritaria a los Israelitas, en 7 ocasiones les dice: YO SOY. El Dios que se identificó a Moisés para liberar a los Israelitas de Egipto se identificó como el Gran Yo Soy. Ahora Jesús, el gran libertador de la humanidad, se identifica en reiteradas ocasiones como el Yo Soy. ¿Casualidad? o ¿Causalidad?.

Cuando leemos el evangelio de Juan vemos que este narra siete milagros más sobresalientes, a su entender, del ministerio de Jesús e incluye siete declaraciones que le dan identidad a Jesús con el único propósito de que el mundo crea que Jesús es el mesías, el enviado de Dios y así puedan tener vida eterna (Juan 20:31).

Juan, en cuestión de algunos capítulos comienza a describir la identidad de Jesús. El no le da tanta trascendencia como los otros evangelistas al nacimiento de Jesús. Simplemente comienza diciendo que ese Verbo que estaba y era con Dios, ahora habitó entre nosotros de tal manera que pudimos ver su gloria (Juan 1:14). Juan lo presenta ante la sociedad como el Cordero que quita el pecado del mundo, y a partir de allí comienza a construir la identidad de Jesús por medio de siete afirmaciones trascendentales. Estas son:

Yo soy el pan y el agua de vida

Juan 6:35 *"Yo soy el pan de la vida; el que viene a mí no tendrá hambre, y el que cree en mí nunca tendrá sed".*

El trasfondo de esta afirmación es la experiencia de los israelitas en el desierto, (Éxodo 16:13-18) quienes estando allí, durante 40 años recibieron el maná, el pan del cielo. Pero a diferencia de Jesús los israelitas que comían ese maná al día siguiente volvían a tener hambre. Jesús ahora les dice que si ellos comen de lo que Jesús es y enseña, todo el hambre, por el sentido de la vida, desaparecerá y seremos satisfechos.

En cuanto a la declaración de que el es el agua de vida, el trasfondo es el agua que salió de la roca de Horeb, cuando Moisés la golpeó. Pero ahora aparece Jesús y declara que todo aquel que beba del agua que el le dará, ese no volverá a tener sed jamás.

Especialmente Jesús enfatiza esta verdad en Juan 7:37-39 *"Y en el último día, el gran día de la fiesta, Jesús puesto en pie, exclamó en alta voz, diciendo: Si alguno tiene sed, que venga a mí y beba. El que cree en mí, como ha dicho la Escritura: "De lo más profundo de su ser brotarán ríos de agua viva." Pero El decía esto del Espíritu, que los que habían creído en El habían de recibir; porque el Espíritu no había sido dado todavía, pues Jesús aún no había sido glorificado".*

El pan hace referencia a la Palabra, al mensaje, al contenido y el agua hace referencia al Espíritu Santo. Como podemos ver, si queremos realmente ser satisfechos necesitamos ambas cosas. Cuando nos alimentamos del pan verdadero y bebemos del Espíritu Santo, entonces la necesidad más profunda que tenemos como personas, queda completamente satisfecha.

Yo soy la luz del mundo

Juan 8:12 *"Yo soy la luz del mundo; el que me sigue no andará en tinieblas, sino que tendrá la luz de la vida".*

Si partimos de la base de que toda persona que no conoce a Dios está en tinieblas, en cuanto a la realidad espiritual se refiere; entonces cuando esa persona tiene un encuentro con Jesús, cuando sus pecados son perdonados y Jesús comienza a gobernar esa vida; entonces, como dijera Pablo en 2 Corintios 16, hay un velo que comienza a correrse y donde había oscuridad ahora empieza a alumbrar la luz que es Jesús.

Los hijos de Dios, que caminamos en fe y perseveramos en nuestra confianza en Él, experimentamos una revelación progresiva y ya no somos ignorantes de los acontecimientos espirituales. Lo que conocemos de Jesús hoy es superior a lo que conocíamos ayer, pero es inferior a lo que podemos conocer mañana. El velo es paulatinamente retirado y un día, lo que hoy vemos como entre nubes, lo veremos cara a cara, tal cual es.

Yo soy la puerta

Juan 10:9 *"Yo soy la puerta; si alguno entra por mí, será salvo; y entrará y saldrá y hallará pasto".*

En un contexto donde muchos ya se habían presentado como el Mesías, en donde los escribas, saduceos y fariseos se presentaban como los indicadores del camino, ahora viene Jesús y les dice: *"No se equivoquen, Yo soy la puerta".*

Pero es bueno recordarnos que Jesús, como la verdadera puerta, es una puerta angosta, se transita de a uno, aunque seamos millones que andemos por ese camino. La salvación es personal, pero el desarrollo de la fe es comunitaria. Cada uno de manera personal tiene que entrar por esa puerta llamada Jesús y dejar atrás sus pecados y debilidades.

Yo soy el buen pastor

Juan 10:11 *"Yo soy el buen pastor; el buen pastor da su vida por las ovejas".*

No nos equivoquemos, el enemigo ofrece un aparente cuidado, una aparente protección y un aparente alimento. Pero todo lo que él ofrece tiene un solo propósito y es matar tu salud, es robar tu economía y destruir tus relaciones.

Jesús se presenta como el buen pastor que cuida de sus ovejas, que las alimenta y que las defiende, a tal extremo de dar su vida por ellas. El otro, al ser egocéntrico, cuando se ve en peligro huye y te deja en banda (te abandona). Jesús se comprometió con los suyos a estar cada día hasta el fin del mundo.

Yo soy la resurrección y la vida

Juan 11:25-26 *"Yo soy la resurrección y la vida; el que cree en mí, aunque muera, vivirá, y todo el que vive y cree en mí, no morirá jamás".*

LA IDENTIDAD DE JESÚS

Cuando comenzamos a leer el evangelio de Juan, ya en el capítulo 3 aparece una declaración fascinante posterior al diálogo que Jesús tuvo con Nicodemo. El allí declaró: *"De tal manera amó Dios al mundo que ha dado a su único Hijo para que todo aquel que en el crea nos e pierda, sino tenga vida eterna"* (Juan 3:16).

Ahora, en el contexto de la muerte y resurrección de Lázaro, Jesús amplía esa declaración diciendo que todos aquellos que creemos en él, aunque tengamos que experimentar la muerte física, resucitaremos algún día para estar con él.

También da a entender de que en los tiempos finales muchos no experimentaran la muerte física, sino que serán transformados, como dijera Pablo, en un abrir y cerrar de ojos, cuando vivamos lo que se conoce como el arrebatamiento, o el rapto.

Yo soy el camino, la verdad y la vida

Juan 14:6 *"Yo soy el camino, y la verdad, y la vida; nadie viene al Padre sino por mí".*

Cuando leemos en el griego original esta declaración, podemos observar que la idea del autor es muy radical. En otras palabras Jesús nos está diciendo en este versículo: *"Yo soy el único camino que vale la pena caminar, soy la única verdad que vale la pena creer y soy la única vida que vale la pena vivir".*

Fuera de Jesús, el camino es ancho y conduce a la perdición. Fuera de Jesús la verdad es relativa, nos enferma y nos roba los sueños y las esperanzas. Fuera de Jesús la vida no tiene sentido y lo que el enemigo nos ofrece es un plan de muerte financiado en cómodas cuotas.

Cuando conocemos a Jesús, hallamos el verdadero sentido de la vida, experimentamos lo que es el gozo y la satisfacción. Cuando conocemos a Jesús, descubrimos nuestro norte y comenzamos a transitar un camino que nos conduce a un destino de gloria. Cuando conocemos a Jesús, la verdad absoluta nos da seguridad y nos permite construir nuestra vida sobre la roca, de tal manera que cuando las tormentas nos golpeen podemos resistir.

Tiempo después, el apóstol Pedro diría *"Y en ningún otro hay salvación, porque no hay otro nombre bajo el cielo dado a los hombres, en el cual podamos ser salvos"* (Hechos 4:12). Jesús es la única alternativa que Dios ha provisto para que nuestros pecados sean perdonados y nuestras miserias sean erradicadas y podamos comenzar un proceso de sanidad.

Yo soy la vid

Juan 15:5 *"Yo soy la vid, vosotros los sarmientos; el que permanece en mí y yo en él, ése da mucho fruto, porque separados de mí nada podéis hacer".*

Aquí vemos los resultados de una vida consagrada a Dios. Estos frutos no son indispensables para ser salvos, sino que son el resultado de ser salvos. El fruto o los frutos que las ramas producen al estar conectadas a Jesús, son otras vidas que experimentan lo mismo que experimentamos nosotros.

En la medida en que mantenemos nuestra comunión con Jesús, en la medida en que permanecemos conectados y la sabia de la presencia de Dios irrumpe nuestras vidas, otros conocerán a Dios por causa de nuestro testimonio.

Estas son las siete declaraciones acerca de la identidad de Jesús. Él es quien satisface nuestra hambre y sed más profunda. Él es quien alumbra la oscuridad de nuestras vidas. Él es quien nos introduce al Reino y una vez que estamos adentro, nos protege y cuida de tal manera que nada ni nadie nos podrá separar del amor de Dios. Él es quien nos da una vida plena ahora y nos asegura una eternidad junto a él. Jesús es quien nos conduce al Padre y nos introduce a un reino cargado de sorpresas y nos da las facultades de llevar fruto en abundancia.

¿Conoces ya a Jesús? Él es el gran YO SOY que nos liberta del pecado de Egipto y nos conduce a la tierra prometida. Él nos da la verdadera identidad de hijos que necesitamos para vivir una vida plena y llena de satisfacción.

5. EL PODER DE JESÚS

En el capítulo anterior meditamos sobre la identidad de Jesús, basado en las siete declaraciones que hizo con la expresión YO SOY. En éste capítulo quisiera centrarme en cómo Jesús se relacionó con su Padre y cómo manifestó en su vida y ministerio el poder de Dios.

Para ello es necesario que recordemos un incidente trascendental en la vida de Jesús que fue su bautismo. Lucas 3:21-22 lo narra así....

"Y aconteció que cuando todo el pueblo era bautizado, Jesús también fue bautizado: y mientras El oraba, el cielo se abrió, y el Espíritu Santo descendió sobre El en forma corporal, como una paloma, y vino una voz del cielo, que decía: Tú eres mi Hijo amado, en ti me he complacido".

Aquí tenemos dos elementos muy profundos que repercutirían en toda la vida y ministerio de Jesús. Por un lado con el descenso del Espíritu Santo Jesús recibió la confirmación del poder y con la declaración del Padre recibió la confirmación de la autoridad.

En este capítulo simplemente nos centraremos en el primer elemento que tiene que ver con el poder. Es bueno recordarnos aquí que estando en el vientre de María, Jesús ya tenía al Espíritu Santo porque fue engendrado por él. Para poder comprenderlo más profundamente, seguiremos un par de preguntas:

¿Qué es ese poder?

Ese poder no es una energía ni tampoco una fórmula. Ese poder es la persona del Espíritu Santo, quien representa a la trinidad dentro de nosotros. En la Biblia podemos identificarlo con diferentes nombres o símbolos, como ser: agua, fuego, paloma, viento, consolador, etc.

Jesús habló muchas veces acerca de él, especialmente en la etapa final de su ministerio. En Juan 14:15-18 le prometió a sus discípulos diciendo: *"Si me amáis, guardaréis mis mandamientos. Y yo rogaré al Padre, y El os dará otro Consolador para que esté con vosotros para siempre; es decir, el Espíritu de verdad, a quien el mundo no puede recibir, porque ni le ve ni le conoce, pero vosotros sí le conocéis porque mora con vosotros y estará en vosotros. No os dejaré huérfanos; vendré a vosotros".*

El Espíritu Santo es la tercera persona de la trinidad y representa esa trinidad en nosotros. Sería como el gobernador enviado por un rey a una colonia para hacer de esa colonia una réplica del reino central que lo envió.

¿Quién nos da ese poder?

En la experiencia de Jesús, vemos claramente que el Padre es quien envía sobre él al Espíritu Santo en forma de Paloma y también declara verbalmente su conformidad con su Hijo. Pero a partir de la experiencia personal de Jesús, el es quien ahora nos bautiza con o en el Espíritu Santo. Es Jesús quién envió al Espíritu Santo en Pentecostés.

Los cuatro evangelios son muy claros al referirse al agente que envía o bautiza con ese poder.

Mateo 3:11 *"Yo a la verdad os bautizo con agua para arrepentimiento, pero el que viene detrás de mí es más poderoso que yo, a quien no soy digno de quitarle las sandalias; El os bautizará con el Espíritu Santo y con fuego".*

Marcos 1:7-8 *"Y Juan predicaba, diciendo: Tras mí viene uno que es*

EL PODER DE JESÚS

más poderoso que yo, a quien no soy digno de desatar, inclinándome, la correa de sus sandalias. Yo os bauticé con agua, pero El os bautizará con el Espíritu Santo".

Lucas 3:16 *"Juan respondió, diciendo a todos: Yo os bautizo con agua; pero viene el que es más poderoso que yo; a quien no soy digno de desatar la correa de sus sandalias; El os bautizará con el Espíritu Santo y fuego".*

Juan 1:33 *"El que me envió a bautizar en agua me dijo: "Aquel sobre quien veas al Espíritu descender y posarse sobre El, éste es el que bautiza en el Espíritu Santo".*

Una vez que Jesús resucita de entre los muertos, él se aparece a sus discípulos y les dice en Juan 20:21-23 *"Paz a vosotros; como el Padre me ha enviado, así también yo os envío. Después de decir esto, sopló sobre ellos y les dijo: Recibid el Espíritu Santo. A quienes perdonéis los pecados, éstos les son perdonados; a quienes retengáis los pecados, éstos les son retenidos".*

Jesús les estaba anticipando simbólicamente lo que habría de ocurrir dentro de unos pocos días, ya que literalmente no pudo ocurrir eso porque Jesús todavía no había sido glorificado. Días más tarde Jesús les recordaría nuevamente esta promesa a sus discípulos, al decir en Hechos 1:8 *"Recibiréis poder cuando el Espíritu Santo venga sobre vosotros; y me seréis testigos en Jerusalén, en toda Judea y Samaria, y hasta los confines de la tierra".*

Esto nos lleva a la tercer pregunta:

¿Cuándo recibimos el poder?

Cuando nosotros nos arrepentimos de nuestros pecados, reconocemos y creemos que Jesús murió en la cruz por nosotros y que saldó la deuda que teníamos con Dios, cuando le recibimos como Señor y Salvador, entonces somos bautizados en el cuerpo de la iglesia universal.

Es bueno recordar que cuando leemos los evangelios estamos en un período bisagra entre el Antiguo Pacto y el Nuevo Pacto. Por lo tanto encontraremos una mezcla del viejo vino y el nuevo vino. Hay algo de ley y algo de gracia. Jesús traía lo del Antiguo Testamento presente en su ministerio, pero a su vez comenzó a reinterpretar los mandatos y establecer nuevas pautas de fe.

De ahí que necesitamos ver más en el libro de los Hechos y las cartas apostólicas para tener una idea un poco más acabada. En Juan 16:8 Jesús aclara un poco la acción que tendría el Espíritu Santo, al decir: *"Y cuando El venga, convencerá al mundo de pecado, de justicia y de juicio".*

Pablo, unos 40 años posteriores a esta declaración de Jesús, nos diría a nosotros, a través de Efesios 5:18 *"Y no os embriaguéis con vino, en lo cual hay disolución, sino sed llenos del Espíritu Santo".*

Vemos entonces que hay algo progresivo que se da en el cristiano. Cuando recibo a Cristo, recibo al Espíritu Santo, pero eso no significa que ya estoy lleno. Estar lleno no tiene nada que ver con la manifestación de los dones. Estar lleno es estar dominado o controlado por el Espíritu Santo. Hablar en lenguas no necesariamente significa ser renovado. Puedo hablar en lenguas y mantener mi viejo hombre carnal.

Si tenía alguna duda en lo personal de esto, días atrás fui probado y se que mi reacción fue obra del Espíritu Santo. Se que estoy siendo lleno, porque estoy siendo controlado por el Espíritu Santo en momentos difíciles.

Esa llenura progresiva no quita la posibilidad de una experiencia puntual donde somos investidos o donde el Espíritu Santo es liberado dentro de nosotros, como pasó en Hechos 2.

Pero también debemos recordar que esos mismos hermanos que fueron llenos en Pentecostés, semanas después fueron llenos otra vez. En otras palabras, por diferentes razones podemos vaciarnos y necesitamos una y otra vez que Jesús nos vuelva a llenar o bautizar.

¿Cuál es la condición para recibir el poder?

Esa llenura es gratis, ya fue pagada por Jesús en la cruz. Ese poder es un derecho adquirido a favor nuestro por medio de Jesús; pero como

EL PODER DE JESÚS

es algo trascendental y de suma importancia, Dios sólo le da a los que realmente lo busquen y deseen de todo corazón.

Lo primero que necesitamos es arrepentirnos de nuestros pecados y luego comenzar una búsqueda de la persona de Dios. El salmista exclamaba: *"Como el ciervo anhela las corrientes de agua, así suspira por ti, oh Dios, el alma mía. Mi alma tiene sed de Dios, del Dios viviente"* (Salmo 42:1-2).

En Lucas 11:13 Jesús dice: *"Pues si vosotros siendo malos, sabéis dar buenas dádivas a vuestros hijos, ¿cuánto más vuestro Padre celestial dará el Espíritu Santo a los que se lo pidan?".*

Toda persona hambrienta y sedienta de Dios, si clama y le busca de todo corazón encontrará respuesta a su necesidad. El dinero puede defraudarte, tus padres e hijos pueden defraudarte, tu esposo o esposa pueden defraudarte, tus amigos y colegas pueden defraudarte, pero Jesús jamás lo hará. El está muy interesado en que nosotros seamos llenos del Espíritu Santo.

¿Por qué nos da poder?

Nos da poder porque él sabe que estamos en desventajas en este mundo para enfrentar las adversidades y los ataques del enemigo. En Juan 14:18 Jesús le promete a sus discípulos diciendo: *"No los dejaré huérfanos; vendré a ustedes".*

Dios sabe que nuestra lucha no es contra carne y sangre, sino contra potestades, contra principados y gobernadores de las tinieblas. A todos ellos no podemos enfrentarlos en nuestra propia fuerza y sabiduría, sino que necesitamos de un poder sobrenatural, y ese poder es una persona llamada Espíritu Santo.

Es por eso que Dios envió al Espíritu Santo, para que esté al lado nuestro, guiándonos, protegiéndonos, exhortándonos, dándonos revelación y estrategias a seguir. Dios no nos quiere huérfanos.

¿Para que nos da poder?

Dios no nos da poder para que nos sintamos más importantes que otros o para que hagamos lo que se nos antoje sin depender de él. En Hechos 1:8 Jesús resume muy bien la razón por la cual nos da ese poder al decir... *"Para que me sean testigos en Jerusalén, Judea, Samaria y hasta los confines de la tierra".*

Ser testigos conlleva una gran responsabilidad, donde se nos comisiona a predicar las buenas noticias a los pobres, a sanar a los quebrantados de corazón, a dar vista a los ciegos, a liberar a los presos y oprimidos y a declarar el año favorable de Dios.

En Marcos 16:15-18 Jesús ordena diciendo: *"Id por todo el mundo y predicad el evangelio a toda criatura. El que crea y sea bautizado será salvo; pero el que no crea será condenado. Y estas señales acompañarán a los que han creído: en mi nombre echarán fuera demonios, hablarán en nuevas lenguas; tomarán serpientes en las manos, y aunque beban algo mortífero, no les hará daño; sobre los enfermos pondrán las manos, y se pondrán bien".*

Tenemos un poder a nuestra disposición, pero muchas veces vivimos y actuamos como si estuviéramos solos y abandonados. Dios se ha comprometido a estar a nuestro lado, por medio del Espíritu Santo, todos los días de nuestras vidas.

¿Cuáles son los resultados de ese poder?

Cuando somos investidos de poder suceden cosas a nuestro alrededor, como ser:

- Dios nos da una revelación mayor de Su grandeza y de nuestra pequeñez.
- Tenemos todas las herramientas para vivir en santidad.
- El fruto del Espíritu cobra vida en nosotros y nos llena de paz.
- Vino nuevo de la presencia de Dios es derramado en nuestros odres nuevos.
- Milagros y señales ocurren a nuestro alrededor.
- Ante las dificultades nos permite estar de pie y con la cabeza en alto sabiendo que nuestra fortaleza viene de él.
- Seremos perseguidos por los que están en la religión ya que no resistirán lo que Dios está y hará en y a través de nosotros.

EL PODER DE JESÚS

- Personas de nuestro entorno conocerán a Jesús.
- Nos enamoraremos aún más de Jesús.

Creo que es importante recalcar la diferencia entre el uso del poder de Dios y una vida consagrada en intimidad con él. Jesús en Mateo 7:21-23 nos advierte diciendo: *"No todo el que me dice: "Señor, Señor", entrará en el reino de los cielos, sino el que hace la voluntad de mi Padre que está en los cielos. Muchos me dirán en aquel día: "Señor, Señor, ¿no profetizamos en tu nombre, y en tu nombre echamos fuera demonios, y en tu nombre hicimos muchos milagros?" Y entonces les declararé: "Jamás os conocí; APARTAOS DE MI, LOS QUE PRACTICAIS LA INIQUIDAD".*

Hay un misterio en este tema del uso del poder. Yo puedo usar el poder de Dios y no ser realmente de él. De ahí la importancia de vivir una vida en santidad, una vida en intimidad con él. Por lo tanto es mucho más importante buscar al que lo manifiesta que buscar las manifestaciones de Dios.

Quiero desafiarte en esta oportunidad a que puedas tomar una decisión importante en tu vida. Más allá de buscar el poder de Dios, que en realidad ya está en tu vida, busca a Dios para que él manifieste su poder a través de ti. ¿Será ese tu deseo?.

6. LA AUTORIDAD DE JESÚS

En el capítulo anterior meditamos sobre el tema del poder del Espíritu Santo en la vida y ministerio de Jesús. Ahora quisiera que nos centremos en otro aspecto que tiene que ver con la autoridad en su ministerio.

El día del bautismo, además de la presencia del Espíritu Santo en forma de paloma, se escuchó una voz del cielo que decía: *"Este es mi hijo amado con quien estoy complacido"* (Lucas 3:22). Esta declaración le dio a Jesús autoridad para desarrollar su llamado.

Podemos tener poder, pero no autoridad. Podemos tener carisma, pero no unción. Tanto el poder como la autoridad deben caminar tomados de la mano. Carisma y unción causan revolución. La autoridad viene de nuestra identidad como personas, de nuestro carácter, de quienes somos y no de lo que hacemos.

En la vida de Jesús muy pocas veces encontramos declaraciones de Dios sobre su persona, por lo menos que estén registradas. Aparece esta afirmación al comienzo de su ministerio y luego en la etapa final nuevamente sucede, cuando Jesús y tres de sus discípulos están en el monte de la transfiguración y nuevamente se escucha un estruendo en los cielos y una voz que declara: *"Este es mi hijo amado en quien estoy complacido. A él oíd"* (Mateo 17:5b).

JESÚS, ESTRATEGIA Y MISIÓN

Lo llamativo es que las dos veces que está registrada la misma frase, son los demás que lo escuchan y no Jesús quien lo repite. Hay una tendencia en nosotros de hacer publico nuestra experiencia privada.

Sin embargo vemos en la vida de Jesús que el Padre le hablaba en su tiempo de oración y Jesús luego ministraba en el poder y la autoridad, pero no tenía necesidad de andar diciendo lo que el Padre le dijo.

Por alguna razón Jesús, enseñando sobre la oración, les recordó a sus discípulos que cuando lo hacemos, debemos entrar en nuestra habitación y cerrar la puerta. Y luego aclara que todo lo que ocurra en privado, el Padre lo hará público.

Nuestra tendencia es hacer pública nuestra experiencia privada y el desafío es creer y esperar que el Padre respalde nuestra vida y ministerio con poder y autoridad sin la necesidad de que estemos diciendo todo el tiempo: ¡Dios me habló, Dios me habló".

La unción sin carácter termina matando al ungido. Por eso, si queremos que el poder y la autoridad de Dios permanezcan en nuestra vida hasta nuestro último aliento, necesitamos vivir en santidad y en íntima sintonía con la voz del Espíritu Santo.

En Marcos 4:36-41 encontramos a Jesús y a sus discípulos en una barca. Se levanta una tormenta. El viento huracanado sopla las olas y amenaza con hundir aquel navío. Jesús está en la popa durmiendo. Sus discípulos, tremendamente asustados, lo despiertan reclamándole por estar tan tranquilo cuando están por perecer ahogados en el mar.

Jesús, con gran serenidad y firmeza, se levanta, reprende al viento y le ordena al mar *"Calla, enmudece"*. De inmediato cesa la tempestad. Al ver aquel prodigio, todos se preguntan: *"¿Quién es este, que aún el viento y el mar le obedecen?".*

¡Qué contraste entre la reacción de Jesús y la de sus discípulos! Estos tiemblan de impotencia ante la tormenta; Jesús, en cambio, enfrenta el problema con palabras llenas de autoridad, poniendo final al peligro.

Notemos que Jesús no hace una oración al Padre, pidiéndole calmar la tormenta ¿Por qué no? Porque sabe que el Padre le ha dado autoridad

LA AUTORIDAD DE JESÚS

para enfrentar, él mismo, las dificultades. Puesto que El depende del Padre, puede hacer las mismas cosas que el Padre.

"Respondió Jesús, y les dijo: No puede el Hijo hacer nada por sí mismo, sino lo que ve hacer al Padre; porque todo lo que el Padre hace, también lo hace el Hijo igualmente.... No puedo yo hacer nada por mí mismo; según oigo, así juzgo; y mi juicio es justo, porque no busco mi voluntad, sino la voluntad del que me envió" (Juan 5:19, 30).

¿Cuál es el secreto de Jesús, entonces, para tener la autoridad del Padre? Dependencia total del Padre y buscar únicamente la voluntad de Él.

Veamos otro ejemplo, Lucas 4:38-39. Jesús sale de la Sinagoga y va a la casa de Simón. Allí se encuentra a la suegra de Simón con fiebre. Se inclina sobre ella reprendiendo la fiebre y aquella enfermedad obedece al instante quitándose de ese cuerpo. La señora se levanta completamente restablecida y les sirve.

De nuevo debemos señalar que, en esta ocasión, Jesús no ora al Padre pidiéndole que sane a la mujer. El mismo tiene la autoridad del Padre y la usa directamente en contra de la fiebre. Esto le es posible porque habiéndose despojado de su gloria, majestad y poder propio (Filipenses 2:7-8), vive en la tierra por fe en su Padre.

Pasemos a un tercer ejemplo, Marcos 5:21-23 y 35-42. Jesús está en medio de una gran multitud. Se acerca a él uno de los principales de la sinagoga, llamado Jairo, quien se postra a sus pies y le ruega que lo acompañe a su casa para poner sus manos sobre su hija de doce años quien agoniza. Poco después viene alguien de la casa de Jairo y le dice: *"Tu hija ha muerto, ¿para qué molestas al maestro?"*.

Pero Jesús, oyendo esto, le dice a Jairo: *"No temas, cree solamente". Acompañado de Pedro, Jacobo y Juan, se dirige a la casa, entra al cuarto de la niña, la toma de la mano y le ordena: "Niña, a ti te digo, levántate"*. Y la niña se levantó inmediatamente.

No hay oración al Padre Celestial rogando por la resurrección de la niña. Jesús aprovecha el poder y la autoridad del Padre que fluye a través suyo para devolverle la vida.

Analicemos una cuarta historia, la de Marcos 1:21-27. Jesús enseña en la sinagoga y la gente escucha admirada pues enseña con plena autoridad. Uno de los hombres presentes está endemonizado y comienza a gritar: *"¡Ah! ¿Qué tienes con nosotros, Jesús nazareno? ¿Has venido para destruirnos? Sé quien eres, el Santo de Dios."* Pero Jesús le reprende diciendo: *"¡Cállate, y sal de él!".* El espíritu sacude al hombre con violencia y sale gritando. Todos se asombran y discuten entre sí: *"¿Qué es esto? ¿Qué nueva doctrina es esta, que con autoridad manda aún a los espíritus inmundos, y le obedecen?".*

Jesús no le pide a Dios Padre que libere a ese hombre. El mismo enfrenta al demonio y lo expulsa pues tiene la autoridad y la potestad. En Mateo 28:18-20 dice: *"Toda potestad me es dada en el cielo y en la tierra............... y he aquí yo estoy con vosotros todos los días, hasta el fin del mundo"*. Jesús nunca mandó a predicar sin sanar y expulsar demonios. El nos traspasa la autoridad en diferentes niveles

Autoridad de principiantes

¿Qué sucedió con esa autoridad de Jesús? ¿Adónde está ahora?. En Mateo 10:1 leemos sobre cómo Jesús llama a sus doce discípulos y les traspasa su autoridad. Dice así: *"Entonces llamando a sus doce discípulos, Jesús les dio autoridad sobre los espíritus inmundos para expulsarlos y para sanar toda enfermedad y toda dolencia".*

Marcos aclara que los envía de dos en dos. No va con ellos porque quiere que antes de partir al cielo, ellos pongan a prueba esa autoridad y descubran que él no tiene que estar físicamente con ellos para que el poder fluya a través suyo.

Con eso les demostró que el traspaso de autoridad había sido efectivo, ya que el poder fluía por ellos como lo hacía por él. Ahora ellos podían usar esa autoridad del Padre para actuar y, efectivamente, lo hicieron. Tuvieron éxito, pues lograron predicar con unción, sanar enfermos y echar fuera demonios.

Autoridad de vanguardia

Pasemos a Lucas 10:1 y 17-19 donde dice: *"Después de esto, el Señor designó a otros setenta, y los envió de dos en dos delante de El, a toda ciudad y lugar adonde El había de ir".*

Ahora, Jesús llama a un grupo mayor y les traspasa su autoridad y los envía de dos en dos, sin acompañarlos. Ellos vuelven con gozo diciendo: *"Señor, aún los demonios se nos sujetan en tu nombre."* Jesús, entonces, les ensancha la promesa diciendo: *"He aquí os doy potestad de hollar serpientes y escorpiones, y sobre toda fuerza del enemigo, y nada os dañará."*

Autoridad a todo terreno

Por último, Jesús hace extensivo el traspaso de autoridad a todo aquel que cree en él. En Marcos 16:17-18 que Jesús dice: *"Y estas señales seguirán a los que creen: en mi nombre echarán fuera demonios; tomarán en las manos serpientes, y si bebieren cosa mortífera, no les hará daño; sobre los enfermos pondrán sus manos y sanarán".*

En Juan 14:12-14, Jesús amplía las promesas aún más: *"El que en mí cree, las obras que yo hago, él las hará también; y aun mayores hará, porque yo voy al Padre. Y todo lo que pidiereis al Padre en mi nombre lo haré, para que el Padre sea glorificado en el Hijo. Si algo pidiereis en mi nombre, yo lo haré."*

En este pasaje están contempladas dos maneras diferentes de actuar. Primero habla de lo que podemos hacer nosotros mismos usando la autoridad en el nombre de Jesús: *"El que en mí cree, las obras que yo hago, él las hará también"*. Se refiere a utilizar directamente el poder de Dios que está en nosotros, de la misma forma que lo hizo Jesús, o sea, por medio de la palabra hablada con autoridad.

En segundo lugar, indica que Jesús está dispuesto a hacer lo que pidamos. Esto tiene que ver con la oración, ya que es por medio de ella que hacemos nuestros ruegos a Dios. Vemos, entonces, que Jesús mismo hace diferencia entre el uso directo de la autoridad y la oración.

Si creemos en Jesús como Hijo de Dios, ¡Dios puede hacer por medio de nosotros las mismas cosas que hizo por medio de Jesús y aún mayores!. ¿Qué cosas hizo por medio de Jesús?. Calmó la tempestad, sanó a los enfermos, resucitó muertos, liberó a personas endemoniadas, enseñó con autoridad. Todo esto lo hizo con el poder de Dios por medio de la palabra hablada. Nosotros también podemos servir de canal de Dios para hacer lo mismo si creemos: *"Al que cree todo le es posible"* (Marcos 9:23).

¿Qué tiene que ver el hecho de que Jesús va a donde está el Padre con la afirmación de que podemos hacer obras aún mayores que las de Jesús? La respuesta está en Hechos 1:8: *"Y recibiréis poder cuando haya venido sobre vosotros el Espíritu Santo..."* Al irse Jesús, llega el Espíritu de Cristo con su poder.

Si los doce discípulos y los setenta seguidores pudieron sanar enfermos, predicar y expulsar demonios por medio de la autoridad que les traspasó Cristo, antes de la venida del Espíritu Santo, con mayor razón lo podemos hacer nosotros ahora que el Espíritu de Cristo mora en nosotros. Pablo dice *"Que la fe de ustedes no esté fundada en la sabiduría de los hombres, sino en el poder de Dios"* (1 Corintios 2:5).

Jesús nos está enviando hoy, al igual que mandó a sus discípulos y seguidores en tiempos antiguos. Nos ha investido del poder de su Espíritu Santo y nos ha dado la autoridad de su nombre ¡UTILICÉMOSLOS!.

Si así lo hacemos, descubriremos, como lo hicieron ellos, que el poder es real y que, conforme lo vayamos poniendo en práctica, serviremos cada vez más como canal de Dios. Podremos decir entonces junto a Pablo: *"Porque no osaría hablar sino de lo que Cristo ha hecho por medio de mi para la obediencia de los gentiles, con la palabra y con las obras, con potencia de señales y prodigios, en el poder del Espíritu de Dios"* (Romanos 15:18-19).

Si alguien nos diera una pistola para defendernos de los ladrones y asesinos y la guardamos en un cajón, lejos de dónde la podamos utilizar, no nos va a servir para nada en el momento en que vengan a atacarnos. Tampoco nos serviría si la tenemos a mano si no la sabemos utilizar. La única manera que nos servirá, para contrarrestar a nuestro enemigo, es si tenemos bien practicada nuestra puntería.

Eugene Peterson, en su libro "El pastor contemplativo" dice que: *"La mayoría de la gente no se congrega para escuchar un sermón, sino para aprender a orar".*

Lo mismo sucede con nuestras armas espirituales. Si las tenemos guardadas y no las ejercitamos en el uso, cuando llegue el ataque espiritual, no podremos defendernos. En cambio, si conocemos nuestras armas y practicamos con ellas, estaremos preparados para hacerle frente a *"toda fuerza del enemigo"* sin que nada nos dañe (Lucas 10:19).

Cada vez que las usemos, van a funcionar con mayor eficacia porque la destreza en el uso de cualquier arma se va desarrollando con la práctica. La iglesia, por lo general, no prepara a su gente para enfrentar la verdadera lucha afuera. Ante la menor tentación muchos fracasan.

El día del bautismo Jesús recibió poder y autoridad con la presencia del Espíritu Santo y la declaración del Padre. Hoy nosotros estamos en las mismas condiciones: El día de nuestro nuevo nacimiento el Espíritu Santo entró a morar en nosotros y comenzó un proceso de llenarnos, de bautizarnos y de mantenernos llenos si así lo queremos, y a su vez Dios en Juan 1:12 declara: *"Mas a todos los que le recibieron, a los que creen en su nombre, les dio potestad de ser hechos hijos de Dios".*

Con estas dos cosas a nuestro favor, vayamos al mundo a hacer aquello para lo cual Dios nos ha salvado, que es predicar las buenas noticias, sanar a los enfermos o quebrantados de corazón, liberar a los endemoniados, atados u oprimidos y a anunciar el año favorable de Dios.

7. LA TEOLOGÍA DE JESÚS

¿Qué pensarían de una persona que te dice: *"Sos la niña de mis ojos"*. *"Tu vida está esculpida en mis manos"*. *"Con amor eterno te he amado"*. *"Te escogí desde antes de la fundación del mundo"*. *"Te predestiné para adoptarte como hijo/a"*?.

Diríamos que sin duda alguna esa persona está loca de amor por nosotros. Y esa es la verdad en relación a Dios. El está loco de amor por nosotros, el no puede estar sin nosotros. Por eso creó el cielo, para que estemos con él.

Cuando Jesús comenzó a desarrollar su ministerio, el se dio cuenta que su gente estaba esclavizada a un mensaje de juicio, religión y condena. El mensaje de misericordia que Dios le había dejado a su pueblo, algunos siglos atrás, se había transformado en un sistema de reglamentos y castigos que tenía al pueblo sofocado en una religión seca y sin sentido.

Si pudiéramos resumir el mensaje de Jesús, diríamos que el portaba un mensaje de "Extrema Gracia". La gracia es esa virtud del Dios infinito que, con esa fuerza y ese valor, me cotiza con todo lo que es: paga con lo más valioso que hay de este lado y del otro lado de la eternidad, Su Vida, por mi vida. De esa manera hace de mi el ser más valioso o más cotizado del universo y de la eternidad. De eso se trata la gracia. Jesús pagó mi deuda con su vida y lo único que me pide es que crea en lo que él ha hecho por mi. Para ejemplificar esta verdad, quiero hacer referencia a tres historias.

La parábola del hijo pródigo que encontramos en Lucas 15:11-24 es una parábola que mejor representa esta verdad. Jesús narra así esta parábola:

"Un hombre tenía dos hijos —continuó Jesús—. El menor de ellos le dijo a su padre: "Papá, dame lo que me toca de la herencia." Así que el padre repartió sus bienes entre los dos. Poco después el hijo menor juntó todo lo que tenía y se fue a un país lejano; allí vivió desenfrenadamente y derrochó su herencia. Cuando ya lo había gastado todo, sobrevino una gran escasez en la región, y él comenzó a pasar necesidad. Así que fue y consiguió empleo con un ciudadano de aquel país, quien lo mandó a sus campos a cuidar cerdos. Tanta hambre tenía que hubiera querido llenarse el estómago con la comida que daban a los cerdos, pero aun así nadie le daba nada. Por fin recapacitó y se dijo: "¡Cuántos jornaleros de mi padre tienen comida de sobra, y yo aquí me muero de hambre! Tengo que volver a mi padre y decirle: Papá, he pecado contra el cielo y contra ti. Ya no merezco que se me llame tu hijo; trátame como si fuera uno de tus jornaleros." Así que emprendió el viaje y se fue a su padre. Todavía estaba lejos cuando su padre lo vio y se compadeció de él; salió corriendo a su encuentro, lo abrazó y lo besó. El joven le dijo: "Papá, he pecado contra el cielo y contra ti. Ya no merezco que se me llame tu hijo." Pero el padre ordenó a sus siervos: "¡Pronto! Traigan la mejor ropa para vestirlo. Pónganle también un anillo en el dedo y sandalias en los pies. Traigan el ternero más gordo y mátenlo para celebrar un banquete. Porque este hijo mío estaba muerto, pero ahora ha vuelto a la vida; se había perdido, pero ya lo hemos encontrado." Así que empezaron a hacer fiesta".

El énfasis de esta parábola no está en el pecado del hijo, sino en la generosidad del padre. En la antigüedad pedirle en vida la herencia al padre era pedir literalmente que se muera.

Si analizamos esta historia en dos secciones diferentes, podríamos decir que mientras el hijo estaba comiendo con los cerdos, él ensayó su discurso. Era una afirmación elegante y pulida que mostraba algo de pena. Pero el padre no le permitió terminar de hablar.

La escena del padre mirando por el camino para ver regresar al hijo me conmueve. Todas las mañanas el padre miraba por la ventana para ver si su hijo regresaba. Cuando uno pierde a un ser querido, no importa cuánto uno mire por la ventana, lo cierto es que ese ser no regresará jamás.

Es verdad que al pedirle la herencia, este le daba por muerto, lo cierto es que el padre amaba a este hijo que se había ido y tenía la esperanza de que algún día regresara, por eso miraba cada día por la ventana para ver si así lo hacía. Si tu hijo/a se ha alejado de Dios, no dejes de mirar por la ventana, en algún momento Dios lo traerá de regreso.

Apenas llegó el hijo, una nueva y fina capa fue puesta sobre sus hombros, como símbolo de abrigo para tantos días de soledad y noches de frío. Una nueva sandalia le fue puesta en sus pies, como símbolo de bienvenida a la casa y un nuevo anillo fue puesto en su dedo como símbolo de realeza, de que seguía siendo un hijo. Con el anillo el hijo volvía a la posición de poder realizar nuevamente negocios.

El ternero engordado fue sacrificado y llevado a la cocina y pronto se escuchó música en la sala, sin embargo al joven ni siquiera se le dio la oportunidad de decir "lo siento".

Dios nos quiere de regreso a casa más de lo que nosotros podríamos quererlo. No necesitamos detallar nuestra pena. Antes de que nos demos cuenta, Dios nos sienta a la mesa del banquete y ya no nos deja escapar.

Y al igual que en la historia de Mefiboset, quien tenía las piernas lisiadas y el mantel de la mesa del rey David cubría su vergüenza, del mismo modo el amor de Dios quita nuestras imperfecciones y nos hace sentar a su mesa como hijos del Rey.

Si recordamos la escena de Juan 8:2-11 cuando la mujer adúltera fue hallada en el mismo acto del adulterio, luego que todos se fueron Jesús le dijo, *"si nadie te condena, tampoco yo, vete y no peque mas"*.

La historia completa dice así: *"Al amanecer se presentó de nuevo en el templo. Toda la gente se le acercó, y él se sentó a enseñarles. Los maestros de la ley y los fariseos llevaron entonces a una mujer sorprendida en adulterio, y poniéndola en medio del grupo le dijeron a Jesús: Maestro, a esta mujer se le ha sorprendido en el acto mismo de adulterio. En la ley Moisés nos ordenó apedrear a tales mujeres. ¿Tú qué dices?. Con esta pregunta le estaban tendiendo una trampa, para tener de qué acusarlo. Pero Jesús se inclinó y con el dedo comenzó a escribir en el suelo. Y como ellos lo acosaban a preguntas, Jesús se incorporó y les dijo: Aquel de ustedes que esté libre de pecado, que tire la primera piedra. E inclinándose de nuevo, siguió escribiendo en el suelo. Al oír esto, se fueron retirando uno tras otro, comenzando por los más viejos, hasta dejar a Jesús solo con la mujer, que aún seguía allí. Entonces él se incorporó y le preguntó: Mujer, ¿dónde están? ¿Ya nadie te condena? Nadie, Señor. Tampoco yo te condeno. Ahora vete, y no vuelvas a pecar"*.

Observemos que Jesús no le pregunta si está apenada, no le exige que se enmiende, tampoco parece preocuparse que ella regrese a los brazos de su amante.

Allí estaba la mujer, y Jesús le da la absoluta absolución de sus pecados, antes que ella se lo pida. La naturaleza del amor de Dios por nosotros es así de apasionada.

Todos hemos sido heridos en algún punto o momento de nuestras vidas y el desafío más grande es que aprendamos a convivir con las cicatrices sin que estas nos causen nuevamente dolor. Pero además de eso, lo fundamental en este aprendizaje es la capacidad que hayamos adquirido de perdonar.

Yo no se cómo reaccionarías si alguien te traiciona, si alguien habla mal de vos diciendo mentiras. No se cómo reaccionarías si alguien que amas te desilusiona o te abandona. Creo que la gran mayoría habrá pasado por algo similar.

Cuando Jesús estaba en el momento más crucial de su vida, cuando los soldados romanos lo detuvieron y se dio comienzo a un juicio injusto y en las tinieblas no solo de la noche, sino en la oscuridad del mismo infierno; cuando Jesús más necesitó de sus amigos, ninguno se quedó. Varios huyeron y por días no se supo nada de ellos, uno negoció su entrega por 30 monedas de plata y otro negó tres veces que le conocía, con maldiciones hasta que el gallo cantó.

En Juan 21:15-19 encontramos el momento en que Jesús sale a buscar a Pedro, unas 2 semanas después de su resurrección. La culpa, la falta de perdonarse a sí mismo, hizo que Pedro regresara a su antiguo oficio de la pesca. Allí fue Jesús y lo esperó en la orilla con un fuego y un pescado asado.

Juan narra así esta historia: *"Cuando terminaron de desayunar, Jesús le preguntó a Simón Pedro: Simón, hijo de Juan, ¿me amas más que éstos?. Sí, Señor, tú sabes que te quiero, contestó Pedro. Apacienta mis corderos, le dijo Jesús. Y volvió a preguntarle: Simón, hijo de Juan, ¿me amas?. Sí, Señor, tú sabes que te quiero. Cuida de mis ovejas. Por tercera vez Jesús le preguntó: Simón, hijo de Juan, ¿me quieres?. A Pedro le dolió que por tercera vez Jesús le hubiera preguntado: «¿Me quieres?» Así que le dijo: Señor, tú lo sabes todo; tú sabes que te quiero. Apacienta mis ovejas, le dijo Jesús. De veras te aseguro que cuando eras más joven te vestías tú mismo e ibas adonde querías; pero cuando seas viejo, extenderás las manos y otro te vestirá y te llevará adonde no quieras ir. Esto dijo Jesús para dar a entender la clase de muerte con que Pedro glorificaría a Dios. Después de eso añadió: ¡Sígueme!".*

Luego de haber desayunado, aquella fresca mañana de abril, Jesús se dirigió a Pedro con una pregunta que requería una respuesta verbalizada de Pedro. Jesús sabía que la negación de Pedro no era lo que había en lo más profundo de su corazón, él sabia que esa frase "no lo conozco" era simplemente una expresión para salvar su pellejo.

Ahora, con las aguas ya más calmas y los pensamientos un poco más ordenados, Jesús se dirige a su discípulo con una pregunta que salía de lo más profundo de su corazón y que requería una respuesta desde la misma profundidad: Pedro, ¿me amas?.

Jesús sabía que Pedro sería sanado solamente si aceptaba la gracia del perdón, solamente si volvía a su antiguo cause que era servir a su Señor. Una respuesta sincera a una pregunta sencilla fue todo lo que Pedro necesitó para entender cuánto Jesús lo amaba.

Creo que por el resto de su vida, cada vez que Pedro escuchaba cantar un gallo el recordaría su cobardía, pero cada vez que comía un pescado también recordaría la gracia del perdón. La gracia de Dios hace que el final de nuestras vidas sea de triunfo sobre el mal.

Si nosotros estuviéramos en la posición del padre permitiríamos que el hijo terminara con su discurso y una vez terminado, quizás le diríamos: "Está bien, vete y yo pensaré tranquilo un par de días a ver que hago contigo. Luego te informo por Facebook, twitter o instagram si te dejo regresar a la granja".

Creo que ninguno de nosotros estaríamos de acuerdo con apedrear a la mujer, pero quizás todos esperaríamos un acto de arrepentimiento de ella, porque si le dejamos ir así nomás enseguida regresaría a cometer adulterio antes del anochecer.

Más que una respuesta "Tu sabes que te amo" quizás nosotros esperaríamos un mar de lágrimas y un desenfrenado pedido de perdón por una traición o negación tan evidente y reiterada.

Pero el amor de Dios no es así. El no sólo nos pide que nosotros aceptemos su amor, casi vergonzoso, sino que también actuemos así con los demás. Quizás lo más difícil es comenzar con nosotros mismos.

El gran psiquiatra Carl Jung dijo que todos conocemos las palabras de Jesús. *"Lo que hagan por el menor de mis hermanos, por mi lo hacen"* (Mateo 26:40). Luego Jung nos pregunta: "¿Qué pasaría si descubriéramos que el menor de los hermanos de Jesús, el que más necesita de nuestro amor, el que más se beneficiaría con nuestro amor, el que más importancia le daría a nuestro amor, que pasaría si descubriéramos que este menor de los hermanos de Jesús... somos nosotros?

El Señor nos llama hoy nuevamente, afirmándonos, permitiéndonos a ir más allá en la fe, la esperanza y el amor en el poder de su Espíritu Santo. Con ternura Dios nos dice hoy: *"Estoy contigo. Estoy a tu favor. Estoy en ti. Espero más fracaso en ti de lo que tú mismo esperas. Quiero bendecirte y engrandecerte"*, como se lo dijo a Isaac en Bersheba.

Una de las grandes barreras para aceptar un amor así es el miedo.

Cada uno de nosotros pagamos un alto precio por miedo al fracaso. A medida que crecemos y envejecemos sólo hacemos aquello que sabemos hacer bien.

Pero debemos recordar que no hay crecimiento en Jesús sin dificultad o error. Goethe decía: *"El hombre siempre se equivocará en tanto luche por conseguir algo"*. A pesar de que nosotros los cristianos hablamos de la cruz, del perdón y de la redención, no estamos dispuestos a aceptar el fracaso en nuestra vida.

Pero tenemos problemas cuando queremos proyectar una imagen perfecta. Primero no es verdad y segundo no siempre podemos estar optimistas, felices y en control de todo. El cristiano con profundidad es el que ha fracasado y ha aprendido a convivir con su error. Quizás nuestro fracaso más grande sea el miedo al fracaso.

Sabemos que el día en que seamos juzgados, no seremos juzgados por lo que hicimos o dejamos de hacer, sino que todos seremos elogiados o culpados de acuerdo a si hemos aceptado la invitación a creer en el mensaje.

Cuando dos hermanos en la fe tienen un problema, en realidad no es tan importante quien tiene razón sino quien trata de resolver el problema haciendo uso del fruto del Espíritu Santo. ¿De qué me sirve ganar una discusión? ¿De qué me sirve que mi razón sea la que prospere si al final pierdo a un hermano?.

El Espíritu Santo nos llama preguntándonos, ¿Vas a hacerte cargo de tu vida hoy? ¿Te harás responsable de lo que hagas? ¿Vas a creer? Lo que hacemos acerca del señorío de Jesús dice más de lo que pensamos acerca de nuestra fe.

El apóstol Pablo le escribe a su joven discípulo Timoteo diciendo: *"Así que tú, hijo mío, fortalécete por la gracia que tenemos en Cristo Jesús"* (2 Timoteo 2:1). Y el apóstol Pedro termina su segunda carta diciendo: *"Más bien, crezcan en la gracia y en el conocimiento de nuestro Señor y Salvador Jesucristo. ¡A él sea la gloria ahora y para siempre! Amén"* (2 Pedro 3:18).

En ambos casos hay una orden de fortalecerse y crecer en la gracia. Si hay un impertativo de esta índole, ¿no será que en realidad nos cuesta esto de la gracia?. Este sentido de merecimiento y castigo está tan arraigado dentro de nosotros que muchas veces actuamos como los israelitas quienes pudieron salir de Egipto, pero no lograron sacar a Egipto de adentro de ellos.

Intelectualmente aprobamos la idea de la gracia, pero emocional y espiritualmente actuamos regidos por la ley.

El mundo está esperando ver en nosotros los cristianos el coraje para ser diferentes, la humildad para aceptar que cometemos errores, la pasión para quemarnos en el fuego del amor, la honestidad de dejar que otros vean lo incapaces y limitados que somos.

Hoy Dios te dice: "Sos la niña de mis ojos". "Tu vida está esculpida en mis manos". "Con amor eterno te he amado". "Te escogí desde antes de la fundación del mundo". "Te predestiné para adoptarte como hijo/a". "De tal manera amé al mundo que di lo mejor de mi, lo único que tenía para que muriera en una cruz por vos".

¿Aceptaremos ese amor incondicional o seguiremos intentando achicar la deuda que nos separa para algún día descubrir que cada vez es más grande?. En algún momento de nuestras vidas necesitamos decidir si viviremos la vida cristiana basados en nuestras obras o en Sus obras. Permite que hoy Dios te abrace y te recuerde cuánto te ama.

8. JESÚS Y EL MINISTERIO QUÍNTUPLE

Uno de los efectos que nos produce lo desconocido es el miedo, el estrés, la desconfianza, la duda, etc. La tendencia natural de todos es que ante lo desconocido primero reaccionamos para luego con el tiempo aceptarlo.

Cuando los líderes religiosos en la época de Jesús comenzaron a escuchar o ver las cosas que Jesús hacía, lo primero que dijeron era que estaba endemoniado o que por el poder de Satanás expulsaba los demonios.

Cuando el evangelista argentino, Carlos Annacondia, comenzó su ministerio, muchos pastores y cristianos en general dijeron que expulsaba demonios o hacía sanidades, o la gente se caía en sus campañas porque estaba endemoniado también. Con el tiempo, muchos pastores cambiaron de parecer y fueron bendecidos por el ministerio evangelístico de Annacondia.

Muchas veces la ignorancia de algo nos cierra la mente y el corazón a cosas nuevas que Dios quiere hacer en nosotros.

Hoy se habla muchísimo de los cinco ministerios del cual Pablo hace referencia en Efesios 4:11 donde dice: *"Y él mismo constituyó a unos, apóstoles; a otros, profetas; a otros, evangelistas; a otros pastores y maestros".*

Cuando Pablo dice *"Y él mismo constituyó"* hace referencia a Jesús. Jesús pudo establecer el ministerio quíntuple porque él mismo representaba todo eso. Jesús reunía los cinco ministerios y potencialmente tenía todos los dones, ya que el Espíritu Santo estaba dentro de él.

Apóstol

La palabra apóstol significa "enviado" y la Biblia dice, haciendo referencia a Jesús, que fue enviado al mundo. El máximo misionero de la historia fue Dios Padre, quien envió a Dios el Hijo al mundo, para que todo aquel que en él cree no se pierda, sino que tenga vida eterna. Hoy ese ministerio sigue vigente, aunque nos cueste la idea de llamar a alguien apóstol, como tradicionalmente podemos llamar a alguien pastor.

Evangelista

La palabra "evangelista" significa portador de buenas noticias. Jesús por sobre todo fue alguien que comunicó buenas noticias. De hecho, él comienza su ministerio en Lucas 4:18-19 diciendo: *«El Espíritu del Señor está sobre mí, por cuanto me ha ungido para anunciar buenas nuevas a los pobres. Me ha enviado a proclamar libertad a los cautivos y dar vista a los ciegos, a poner en libertad a los oprimidos, a pregonar el año del favor del Señor".*

Su objetivo era comunicar las buenas noticias a los necesitados, pobres, enfermos, oprimidos o ciegos y así lo hizo. Fue un evangelista con palabras mayúsculas. Como resultado de su trabajo de tres años y medio, se fundó la iglesia en Hechos 2 con 120 personas.

Pastor

Muchas veces Jesús hizo mención de que veía al pueblo de Israel, su pueblo, como ovejas sin pastor. Mateo 23:37 cuenta que un día, llegando a Jerusalén, Jesús lloró por la ciudad y exclamó que muchas veces quiso cobijarlos, tal como una gallina pone a sus polluelos debajo de sus alas.

Vemos aquí que Jesús tenía la idea de que el pueblo se alinee bajo su liderazgo. No es saludable ni para el pastor ni para la oveja cuando una de las ovejas es alimentada, sostenida o ministrada por otros pastores ajenos a la iglesia en donde se congregan. Jesús mismo quiso tenerlos bajo sus alas. Pero si él no lo pudo hacer, menos nosotros.

En Juan 10:14 ss. Jesús aclara que él es el buen pastor que da su vida por las ovejas y que éstas escuchan su voz y le siguen. Cuando miramos a nuestro alrededor hay muchas ovejas que están perdidas, que necesitan ser salvas, pero también es cierto que en muchas iglesias encontramos ovejas que juegan a las escondidas, que están siendo influenciadas por el enemigo porque con esa actitud quieren distraer a los pastores y líderes para que no busquen a las verdaderas ovejas que están necesitadas.

¿Pueden equivocarse los pastores? SI. ¿Pueden ser corregidos? SI. Pero, si para corregir lo que supuestamente no es bíblico se utilizan procedimientos que no son bíblicos, entonces hay algo que no está bien.

Mi actitud anti-bíblica de querer corregir lo que supuestamente está mal, muchas veces es la evidencia de que en realidad lo que pretendo corregir era correcto y bíblico, pero que al haber un choque espiritual, o problemas en mi corazón hacia la otra persona, reacciono en la carne.

Gamaliel, un líder religioso en tiempos del comienzo de la iglesia primitiva, le dijo a los líderes de su época, dejemos que el movimiento continúe, si es de Dios prevalecerá, caso contrario desaparecerá. Pero no nos opongamos, no sea cosa que nos estemos oponiendo al proyecto de Dios.

La actitud y los procedimientos anti-bíblicos que utilizaron los líderes religiosos en tiempos de Jesús terminaron de conducirlo a la cruz. Ellos creyeron que estaban en lo correcto, pero su actitud y procedimiento evidenció días después que Jesús estaba en lo correcto y ellos equivocados.

Maestro

Este fue el título por excelencia de Jesús. Más de 60 veces en los evangelios encontramos este nombre y a esa lista hay que agregar sinónimos y derivados. Jesús era todo, predicador, sanador, profeta, evangelista, apóstol etc. pero el vio la enseñanza como una herramienta para transformar los pensamientos y corazones, y por ende la sociedad.

Es por eso que lo llamaban MAESTRO o RABI. Dios le había dotado con una unción y autoridad única. Una piedra junto al camino, una barca o un tronco se transformaban en un púlpito donde la presencia del Espíritu Santo era impartido cada vez que Jesús abría su boca.

En la concepción judía, un rabino era considerado hijo de la Torá, o hijo de los Preceptos. La palabra Torá en hebreo significa: Enseñanza, instrucción e incluso dirección. La Torá se dedica entonces a enseñar algo acerca del Dios de Israel y de las naciones.

Para ellos la enseñanza ocupaba un lugar primordial. Ellos no conciben a un líder espiritual sin la capacidad de enseñar. Al interpretar las Escrituras, ellos dicen por ejemplo, con lo cual estoy de acuerdo, que la Palabra va antes que el Espíritu Santo.

En el proceso de revelación, observemos que el Logos, Jesús, vino primero y que el Espíritu Santo, la Rhema, vino después. Jesús durante tres años y medio impartió la Palabra y luego en Pentecostés vino el Espíritu Santo y dio vida a todo lo que ellos habían recibido.

En otras palabras, no hay posibilidad de sostener un avivamiento, la experiencia de la renovación, el bautismo o la llenura del Espíritu Santo, en el tiempo, si no podemos sustentarlo con la Palabra. La Palabra es la copa que contiene al agua, es decir al Espíritu Santo. Sin la Palabra, sin esa copa, los que tienen una experiencia espiritual pueden hacer mucho daño. La Palabra es el marco de referencia.

Profeta

Si bien Jesús no se presentó como profeta, también es verdad que fue un profeta. En Mateo 24:2 Jesús les dice a sus discípulos que no quedaría piedra sobre piedra del templo de Jerusalén sin que estas fueran derribadas y luego hace mención de que eso sucedería en la generación de ellos. Estas palabras Jesús las dijo alrededor del año 30 DC y para el año 70 DC, el emperador Tito invadió Jerusalén y literalmente destruyó el templo y nunca más fue reedificado.

➡ JESÚS Y EL MINISTERIO QUÍNTUPLE ⬅

Jesús no solo fue profeta de palabras, sino también de actos proféticos. Quiero acercarme al tema de los actos proféticos con cinco preguntas:

¿Qué son los actos proféticos?

Es una herramienta con objetos visibles o palpables para ejemplificar una enseñanza.

¿Son bíblicos los actos proféticos?

La respuesta es: SI, y quiero nombrarles algunos ejemplos:

Las flechas y los golpes. 2 Reyes 13:14-19 *"Cuando Eliseo cayó enfermo de muerte, Joás, rey de Israel, fue a verlo. Echándose sobre él, lloró y exclamó: —¡Padre mío, padre mío, carro y fuerza conductora de Israel! Eliseo le dijo:—Consigue un arco y varias flechas. Joás así lo hizo. Luego Eliseo le dijo:—Empuña el arco. Cuando el rey empuñó el arco, Eliseo puso las manos sobre las del rey y le dijo:—Abre la ventana que da hacia el oriente. Joás la abrió, y Eliseo le ordenó: —¡Dispara! Así lo hizo. Entonces Eliseo declaró: —¡Flecha victoriosa del SEÑOR! ¡Flecha victoriosa contra Siria! ¡Tú vas a derrotar a los sirios en Afec hasta acabar con ellos! Así que toma las flechas —añadió. El rey las tomó, y Eliseo le ordenó: —¡Golpea el suelo! Joás golpeó el suelo tres veces, y se detuvo. Ante eso, el hombre de Dios se enojó y le dijo: —Debiste haber golpeado el suelo cinco o seis veces; entonces habrías derrotado a los sirios hasta acabar con ellos. Pero ahora los derrotarás sólo tres veces".*

El cinto enterrado. Jeremías 13:1-9 *"Así me dijo el SEÑOR: «Ve y cómprate un cinturón de lino, y póntelo en la cintura, pero no lo metas en agua.» Conforme a las instrucciones del SEÑOR, compré el cinturón y me lo puse en la cintura. Entonces el SEÑOR me dijo por segunda vez: «Toma el cinturón que has comprado y que tienes puesto en la cintura, y ve a Perat, y escóndelo allí, en la grieta de una roca.» Fui entonces y lo escondí en Perat, tal como el SEÑOR me lo había ordenado. Al cabo de muchos días, el SEÑOR me dijo: «Ve a Perat y busca el cinturón que te mandé a esconder allí.» Fui a Perat, cavé y saqué el cinturón del lugar donde lo había escondido, pero ya estaba podrido y no servía para nada. Entonces el SEÑOR volvió a decirme: «Así dice el SEÑOR: "De esta misma manera destruiré el orgullo de Judá y el gran orgullo de Jerusalén".*

La higuera seca. Mateo 21:18-22 *"Muy de mañana, cuando volvía a la ciudad, tuvo hambre. Al ver una higuera junto al camino, se acercó a ella, pero no encontró nada más que hojas. —¡Nunca más vuelvas a dar fruto! —le dijo. Y al instante se secó la higuera. Los discípulos se asombraron al ver esto. —¿Cómo es que se secó la higuera tan pronto? —preguntaron ellos. —Les aseguro que si tienen fe y no dudan —les respondió Jesús—, no sólo harán lo que he hecho con la higuera, sino que podrán decirle a este monte: "¡Quítate de ahí y tírate al mar!", y así se hará. Si ustedes creen, recibirán todo lo que pidan en oración".*

El cinturón atado. Hechos 21:10-14 *"Llevábamos allí varios días, cuando bajó de Judea un profeta llamado Ágabo. Éste vino a vernos y, tomando el cinturón de Pablo, se ató con él de pies y manos, y dijo: gentiles" Al oír esto, nosotros y los de aquel lugar le rogamos a Pablo que no subiera a Jerusalén. —¿Por qué lloran? ¡Me parten el alma! —respondió Pablo—. Por el nombre del Señor Jesús estoy dispuesto no sólo a ser atado sino también a morir en Jerusalén. Como no se dejaba convencer, desistimos exclamando:—¡Que se haga la voluntad del Señor!".*

¿Cómo debemos interpretarlos?

Un principio básico de hermenéutica es que no podemos interpretar un texto fuera de contexto. El error que muchas veces los profetas cometen es realizar actos proféticos fuera del contexto de toda la reunión.

Por ejemplo si la prédica estuvo relacionado al tema del gozo y un profeta realiza un acto profético tirando tres flechas al aire, es como que queda desubicado. Pero si el profeta toma un vaso de vino y lo da a alguien para que beba, podríamos decir que está en sintonía con el mensaje, ya que el vino en la Biblia simboliza la alegría. O si el mensaje estuvo relacionado a la prosperidad y al final hay un acto profético de esparcir harina, diríamos que está en sintonía con el Espíritu del mensaje, porque la harina en la Biblia simboliza la prosperidad que viene de Dios.

¿Con qué frecuencia se pueden realizar?

Cando algo pasa a ser rutinario perdemos la posibilidad de impartir un principio. La rutina tiende a disminuir el impacto que un acto profético puede causar en el oído o vista del público.

¿Cuál es el mensaje?

Muchas veces el mensaje está implícito y otras veces es muy explícito. En el caso del cinturón escondido en la peña y que luego de un tiempo se pudre, refleja el nivel moral y espiritual de Israel que se había corrompido por causa del pecado y que como consecuencia Dios destruiría el orgullo del pueblo así como se destruyó el cinturón de lino.

Los tres golpes que dio el rey Joas reflejan la poca falta de perseverancia. Si hubiese golpeado 6 o 7 veces, hubiese reflejado una pasión por querer sacarse a los enemigos de encima de una vez y para siempre. Nos habla de que debemos insistir.

Cuando Jesús ordena que la higuera se seque, el está enseñando otros mensajes. Si el podía multiplicar panes y peces, en realidad no necesitaba de un higo para saciar su hambre. Entonces ¿por qué seca la higuera?. Por un lado está diciendo que si no llevamos frutos dignos de arrepentimiento, nos secaremos espiritualmente. Por el otro lado les estaba dando una lección de fe. Lo central aquí es la fe. Si le creemos a Dios, o si tenemos la fe de Dios, nada nos será imposible.

En el caso del cinturón que el profeta Agabo toma del apóstol Pablo y con este ata sus manos y pies, contiene un mensaje explícito y claro. Así como el profeta ataba sus manos y pies con el cinturón de Pablo, así los líderes religiosos de Jerusalén atarían al apóstol Pablo si el continuaba con la idea de ir a Jerusalén.

Cuando Dios quiere hacer algo en una iglesia o comunidad, histórica y bíblicamente siempre hubieron cosas que desafiaron el status quo de la iglesia; es decir, siempre hizo cosas que se salió de la rutina.

Cuando Jesús comenzó su ministerio, el utilizó diferentes formas y estilos dentro de su ministerio de sanidad. A un ciego le escupió los ojos, al sordo le metió el dedo en la oreja, a otro ciego le mandó lavarse la cara en el estanque, al leproso le envió a ver al sacerdote.

Pero también es cierto que todos los avivamientos que se sostuvieron en el tiempo tuvieron la enseñanza, el Logos como fundamento, como el vaso que contuvo la obra del Espíritu Santo. Lutero y Calvino hicieron de la enseñanza el bastión para la transformación de las ciudades, países y el mundo.

¿Queremos ser parte de algo que Dios quiere hacer? Necesitamos, regresar a la Palabra, clamar a Dios para alinear nuestros corazones con el de él y celebrar festivamente su presencia, cada vez que nos reunamos. Si queremos experimentar un avivamiento, Jesús debe ser el centro.

Te invito a que puedas centrar tu corazón, espíritu y pensamiento en Jesús y esperar de él el milagro que necesitas. Que Jesús brille hoy en tu vida.

9. LA HERENCIA DE JESÚS

Hoy día cuando pensamos en alguna herencia, normalmente pensamos en dinero o bienes. Días atrás la revista Forbes publicó la lista de las personas más ricas del mundo. En el año 2015, el mexicano Carlos Slim, dueño de telecomunicaciones, fue el hombre más rico del mundo, desplazando al anterior, Bill Gates, fundador de Microsoft. El hijo Carlos Slim Domit sería entonces el heredero mas codiciado de la fortuna de 53.500 millones de dólares.

Lo cierto es que más allá del dinero, cuando nosotros leemos la Biblia, encontramos que hay otras cosas más importantes para el ser humano que el dinero, la fama o los bienes. Tal como Jesús les dijera a sus discípulos en un momento, la vida no consiste en los bienes que poseemos.

Jesús es el heredero de todo el universo y nosotros por creer en él nos convertimos en co-herederos de todo. Con seguridad, y sin ningún tipo de soberbia, los cristianos podemos afirmar que servimos al judío más rico del universo.

Pablo en Efesios 1:11-14 declara lo siguiente:

"En Cristo también fuimos hechos herederos, pues fuimos predestinados según el plan de aquel que hace todas las cosas conforme al

designio de su voluntad, a fin de que nosotros, que ya hemos puesto nuestra esperanza en Cristo, seamos para alabanza de su gloria. En él también ustedes, cuando oyeron el mensaje de la verdad, el evangelio que les trajo la salvación, y lo creyeron, fueron marcados con el sello que es el Espíritu Santo prometido. Éste garantiza nuestra herencia hasta que llegue la redención final del pueblo adquirido por Dios, para alabanza de su gloria".

Vemos en esta porción de la Biblia que la herencia que hemos obtenido por causa de la muerte y resurrección de Jesús es grandísima. Anteriormente Pablo decía que fuimos bendecidos con toda bendición espiritual.

Cuando tomamos al ser humano y lo colocamos frente a Dios, a la luz de las Escrituras, podemos ver que hay cuatro maneras de relacionarnos con él:

Enemigos

Todos los seres humanos, si bien fuimos creados por Dios, cuando nacemos, somos enemigos de él. Pablo, en Romanos 5:10 dice: *"Porque si, cuando éramos enemigos de Dios, fuimos reconciliados con él mediante la muerte de su Hijo, ¡con cuánta más razón, habiendo sido reconciliados, seremos salvados por su vida!".*

En Colosenses 1:21 Pablo les recuerda diciendo: *"En otro tiempo ustedes, por su actitud y sus malas acciones, estaban alejados de Dios y eran sus enemigos".*

Mientras el ser humano no crea lo que Dios hizo por ellos a través de la muerte de su Hijo Jesús en la cruz, todos permanecerán bajo la categoría de enemigos de Dios. No importa si son ricos o pobres, educados o iletrados, blancos o negros; lo cierto es que si no recibimos la propuesta de reconciliación que Dios nos ofrece, entonces seguiremos siendo sus enemigos.

Pero el nivel de enemistad que podemos tener con Dios no se asemeja de ninguna manera a una enemistad que podríamos tener con otra persona. Las consecuencias de esta enemistad nos mantiene alejados eternamente de la gloria de Dios. Nada de lo que hagamos o digamos podrá cambiar esta realidad espiritual.

⇨ LA HERENCIA DE JESÚS ⇦

Siervos

Una vez que nos convertimos, una vez que recibimos el perdón de nuestros pecados mediante el reconocimiento de la muerte expiatoria de Jesús en la cruz, pasamos de ser enemigos de Dios a estar reconciliados con él. Como nuevas criaturas arrancamos con la idea de ser siervos.

El hijo pródigo cuando regresa a su casa arrepentido, ensayó un hermoso discurso, donde le diría al padre que ya no merecía ser su hijo y que el padre lo tratara como siervo. Pero el Padre tenía otra cosa pensado para él joven.

Pablo habla en Romanos 6:18, 22 diciendo: *"Y habiendo sido libertados del pecado, os habéis hecho siervos de la justicia. Pero ahora, habiendo sido libertados del pecado y hechos siervos de Dios, tenéis por vuestro fruto la santificación, y como resultado la vida eterna"*.

En Efesios 6:6 Pablo se identifica como siervo de Jesús como también en la introducción de la mayoría de sus cartas. De la misma manera lo hacen los demás apóstoles cuando se presentan. Y de hecho Dios nos considera sus siervos. Es un tremendo privilegio ese nombre *"siervos de Dios o siervos de Jesús"*.

Ese nombre ubica nuestro corazón ante Dios. Es el reflejo de nuestro carácter. Fuimos salvos para servir y no para ser servidos. Si no sirvo como cristiano, no sirvo. Jesús no vino para ser servido, sino para servir. Antes de conocer a Dios éramos siervos del enemigo, aunque no estábamos conscientes de ello. En esta vida hay solo dos amos y a alguno de ellos servimos.

Sin embargo, a la luz de la Biblia hay otro nivel de relación, el de amigos de Dios.

Amigos

Jesús a muy pocas personas les consideraba amigos. Vemos que Lázaro era uno de ellos, como lo registra Juan 11:11 *"Nuestro amigo Lázaro se ha dormido; pero voy a despertarlo"*.

Ese mismo adjetivo Jesús les atribuyó a sus discípulos. En Juan 15:14-15 vemos la condición para ser amigos de Jesús y el reconocimiento de Jesús hacia ellos. Dice así: *"Vosotros sois mis amigos si hacéis lo que yo os mando. Ya no os llamo siervos, porque el siervo no sabe lo que hace su señor; pero os he llamado amigos, porque os he dado a conocer todo lo que he oído de mi Padre".*

En otro momento les dice: *"Ustedes son mis amigos si hacen lo que les digo".* Ser amigo de Jesús es un privilegio, pero también es una tremenda responsabilidad. Yo puedo considerarme amigo de Jesús, pero si no obedezco sus mandamientos no soy considerado su amigo.

En el Antiguo Testamento la única persona que fue considerada amiga de Dios ha sido Abraham. Santiago 2:23 declara: *"Y ABRAHAM CREYO A DIOS Y LE FUE CONTADO POR JUSTICIA, y fue llamado amigo de Dios".*

La amistad denota un nivel de confianza. Jesús les dice a sus discípulos que ya no los llamaría siervos, sino que los llamaría amigos porque un siervo no sabe lo que su Señor hace, pero un amigo si.

De hecho, Dios consideraba a Abraham su amigo, por eso le comparte los planes que tenía para Sodoma y Gomorra. Gracias a esa amistad, Abraham logró salvar la vida de su sobrino Lot y casi toda su familia.

Pero, si bien es cierto que ser siervos o amigos de Dios es un tremendo privilegio, queda aún una categoría más, de la cual los israelitas antes de Jesús no pudieron disfrutarla y que se inaugura con el ministerio de Jesús. Es la categoría de:

Hijos

Abraham fue amigo de Dios, pero nosotros somos considerados, siervos, amigos e hijos. Una vez más vemos este principio de revelación progresiva. En el Antiguo Testamento todos eran considerados siervos, sólo Abrahám fue considerado amigo de Dios y nadie hijo. Durante el ministerio de Jesús, todos son siervos, algunos amigos y otros hijos. Pero a partir de la llegada de Pentecostés todos somos invitados a establecer una relación de hijos y Padre, con Dios.

LA HERENCIA DE JESÚS

Alguien dijo: *"Hijo es un ser que nos prestaron para un curso intensivo de cómo amar a alguien más que a nosotros mismos, de cómo cambiar nuestros peores defectos para darles los mejores ejemplos y de nosotros aprender a tener coraje".*

La raíz de la palabra "**hijo**" en hebreo es "**ben**" y ésta básicamente significa *"La tienda que continúa"* o *"la semilla que continúa la siguiente generación".* La idea es que el padre construye la tienda, la familia que un día los hijos continuarán.

Jesús inauguró esta categoría en relación a su Padre. El día del bautismo de Jesús en el Jordán, se escuchó una voz del cielo que decía: *"Tú eres mi Hijo amado, en ti me he complacido"* (Lucas 3:22).

Y a partir de ese día una nueva puerta de revelación se abría para todos aquellos que habrían de creer en Jesús. Nosotros, al igual que Jesús, tenemos la responsabilidad de escuchar lo que el Padre nos dice para así saber cuál es Su voluntad para nosotros.

Uno podría pensar que los discípulos fueron los primeros en ser tratados por Jesús así, sin embargo en Lucas 8:43-48 encontramos el relato de la mujer que padecía un flujo de sangre por unos 12 años y que al tocar el borde del manto de Jesús fue sanada automáticamente.

Jesús queriendo saber quien la había tocado, comenzó a preguntar y después de insistir un poco, finalmente la mujer se acerca y le cuenta lo que le había sucedido. Entonces Jesús le dice: *"Hija, tu fe te ha sanado; vete en paz".*

Para nosotros quizás no signifique mucho esta declaración, pero para una mujer que por 12 años había sido considerada inmunda, tratada como leprosa y marginada por la sociedad, que un líder espiritual la considere "HIJA" fue la frutilla del postre. No solamente fue sanada de su enfermedad física, sino que fue restaurada de su corazón quebrantado. La disociación de su espíritu fue restaurada.

En la oración modelo Jesús nos anima a que nos acerquemos a Dios como nuestro Padre Celestial. Si podemos de corazón llamarle Padre, es porque llegamos a identificarnos como hijos.

Juan 1:12 declara: *"Pero a todos los que le recibieron, les dio el derecho de llegar a ser hijos (tekna = descendiente) de Dios, es decir, a los que creen en su nombre".*

1 Juan 3:1-2 *"Mirad cuán gran amor nos ha otorgado el Padre, para que seamos llamados hijos de Dios; y eso somos. Por esto el mundo no nos conoce, porque no le conoció a El. Amados, ahora somos hijos de Dios y aún no se ha manifestado lo que habremos de ser. Pero sabemos que cuando El se manifieste, seremos semejantes a El porque le veremos como El es".*

Dentro de la categoría hijos hay una sub-categoría que es aún más tierna, la de hijitos.

Juan 13:33 *"Hijitos, estaré con vosotros un poco más de tiempo. Me buscaréis, y como dije a los judíos, ahora también os digo a vosotros: adonde yo voy, vosotros no podéis ir".*

Juan 21:5 *"Y les dijo: Hijitos, ¿tenéis algo de comer?"*

Cuando el hijo pródigo regresa a su casa con un discurso elaborado, el padre enseguida le cambia de dirección al encuentro. Había esperado muchas mañanas y muchas tardes para este momento.

De modo que ahora lo besa a pesar de tener olor a estiércol de cerdo, le cubre con un tapado nuevo para suplir las tantas noches de soledad y frío. Le pone sandalias nuevas a esos pies gastados y lastimados como símbolo de bienvenida a casa y le coloca un anillo en su dedo.

El anillo en aquellos tiempos era símbolo de autoridad para negociar. Este hijo no solo malgastó su herencia, sino que el Padre le volvió a poner en condición de heredero y le dio autoridad para hacer nuevamente negocios.

De todas las alternativas para relacionarnos con Dios, la figura de Padre e hijo es la más fuerte. Mis hijos no sólo conocen donde vivo, que como o que visto. Ellos conocen mis intimidades, saben de mi vieja pantufla o de mi mal gusto al tomar el control de la TV. Ellos celebran conmigo las victorias y sufren mis derrotas.

Como son hijos tienen libertad de entrar a nuestra habitación o usar nuestro baño o nuestros desodorantes o perfumes. Ellos pueden abrir la alacena o la heladera, y si encuentran algo, comérselos sin pedir permiso.

Por alguna razón Dios retomó esta idea de llamarnos hijos y que nosotros lo llamemos Padre. Cuando nosotros logramos sentirnos en lo más profundo de nuestro corazón hijos e hijas de Dios, nuestro mundo cambia totalmente. Todo espíritu de orfandad y vacío desaparece. Toda angustia y soledad se va, porque la presencia de Papá llena todo.

El enemigo fue muy astuto, justo luego que Dios se revelara a su Hijo como el Padre, en la tentación en el desierto el quiso socavar esa verdad, poniéndolo en una situación difícil. Le dijo *"Si eres hijo de Dios…. Has esto, aquello y lo otro"*.

Pero Jesús al estar bien posicionado, no permitió que el enemigo dañara lo más lindo que había experimentado; ser reconocido publica y audiblemente como el Hijo Amado de su Padre.

Hoy Dios se acerca a nuestras vidas y nos dice: *"Hijito, hijita, yo soy tu Padre y todo lo que necesites puedo suplirte, si tan solo confías. Yo soy tu padre y tu eres mi hijo/a y estoy muy complacido contigo"*.

¿Necesitas que Dios se te revele como Padre? ¿Necesitas tener la revelación de que eres un hijo o una hija amada de Dios? Te animo a que puedas acercarte a Dios y permitir que el Espíritu Santo te ministre sanidad. Te invito a que te sientes a los pies del Maestro y esperes esa revelación. Cuando recibas en tu espíritu esa revelación, sin duda alguna tu vida no será igual.

10. MI PADRE TRABAJA

El trabajo dignifica a las personas. El trabajo es lo que nos identifica como seres humanos y nos diferencia del resto de la creación. El trabajo no es una consecuencia de la caída en el Edén, sino que es la coronación de la misma.

Cuando leemos el relato de la creación vemos que dice que al principio la tierra estaba desordenada y vacía y que el Espíritu de Dios se movía sobre la faz de las aguas. Luego comienza a narrar como durante seis días Dios trabajó creando los peces, las plantas, los animales, el universo, etc. y al séptimo día descansó.

Como coronación de su creación Dios formó del polvo de la tierra al hombre y le sopló aliento de vida y una vez que fue un ser viviente, tomó de su costado una costilla y formó a la mujer.

Una vez creados, ellos fueron puestos en el Edén y se les comisionó algo básico que lo registra Génesis 1:28, donde el autor dice: *"Y los bendijo Dios y les dijo: Sed fecundos y multiplicaos, y llenad la tierra y sojuzgadla; ejerced dominio sobre los peces del mar, sobre las aves del cielo y sobre todo ser viviente que se mueve sobre la tierra"*.

A partir de ese día, Adán y Eva, ademas de tener hijos, tuvieron la responsablidad de cuidar del Edén y de ponerle nombre a todos los animales, peces, aves y plantas.

Cuando Jesús, siglos después, comienza su ministerio terrenal, una de las primeras cosas que dice a sus oyentes es lo que está registrado en Juan 5:17: *"Hasta ahora mi Padre trabaja, y yo también trabajo".*

Dios no ha concluido su tarea aún. Si Bien su creación fue realizada, Pablo dice en Colosenses 1:17 que todas las cosas subsisten por Dios. El no ha terminado de trabajar y lo sigue haciendo en medio nuestro y a traves nuestro.

¿Cómo trabaja Dios?

En unidad con su Hijo Jesús. Si quisiéramos profundizar este tema de la relación de Jesús con su Padre, el evangelio de Juan nos puede proporcionar una tremenda ayuda. Pero a modo de ejemplo quiero citar algunos versículos.

Juan 5:19 *"Por eso Jesús, respondiendo, les decía: En verdad, en verdad os digo que el Hijo no puede hacer nada por su cuenta, sino lo que ve hacer al Padre; porque todo lo que hace el Padre, eso también hace el Hijo de igual manera".*

Juan 10:30 *"Yo y el Padre somos uno".*

Juan 14:10-11 *"¿No crees que yo estoy en el Padre, y el Padre en mí? Las palabras que yo os digo, no las hablo por mi propia cuenta, sino que el Padre que mora en mí es el que hace las obras. Creedme que yo estoy en el Padre, y el Padre en mí; y si no, creed por las obras mismas".*

Juan 16:15 *"Todo lo que tiene el Padre es mío; por eso dije que El toma de lo mío y os lo hará saber".*

Estos versículos nos dejan bien en claro que Jesús no trabajó en forma independiente, sino en total dependencia de su Padre.

El secreto de la vida cristiana esta en que un día nosotros podamos decir, al igual que Jesus, *"Las palabras que yo les digo, no las hablo por*

MI PADRE TRABAJA

mi propia cuenta, sino que el Padre que mora en mí es el que hace las obras". La clave de la vida cristiana es permitir que Jesus viva su vida a través de nosotros.

Para experimentar este tipo de relación, necesitamos estar conectados a Jesús tal como un pámpano está conectado a la vid. Mientras que el pámpano esté conectado a la vid, podrá recibir a traves de la savia, todos los nutrientes que las raíces sustraen del suelo y lo envían al resto de la planta. Si permanecemos conectados en unidad a Jesús, Dios nos enviará mediante el ADN de la revelación todo lo que necesitamos saber y entender para servirlo mejor.

¿Por qué debemos trabajar?

Para testimonio de los demás. Pablo dice en 2 Tesalonisenses 3:10 *"Porque aun cuando estábamos con vosotros os ordenábamos esto: Si alguno no quiere trabajar, que tampoco coma".*

Lamentablemente hoy día en las Iglesias hay muchos levitas, es decir gente que le evita el trabajo, el estudio o la responsabilidad. Dios no patrocina la olgazanería ni la vagancia. No podemos pretender justificar nuestra falta de ganas de trabajar mediante artilegios espirituales. ¿Por qué debemos trabajar?

Para testimonio de Jesús. Juan 10:25 *"Jesús les respondió: Os lo he dicho, y no creéis; las obras que yo hago en el nombre de mi Padre, éstas dan testimonio de mí".*

Para glorificar a Dios. Mateo 5:14-16 *"Vosotros sois la luz del mundo. Una ciudad situada sobre un monte no se puede ocultar; ni se enciende una lámpara y se pone debajo de un almud, sino sobre el candelero, y alumbra a todos los que están en la casa. Así brille vuestra luz delante de los hombres, para que vean vuestras buenas acciones y glorifiquen a vuestro Padre que está en los cielos".*

No trabajamos solo por dinero, sino porque nuestro trabajo refleja el carácter de Dios. Y todo lo que hacemos debería tener un propósito mas grande, que las personas glorifiquen a Dios por lo que nosotros hacemos. Todo lo que hacemos debe tener un solo propósito, que es glorificar al Creador.

¿Cómo debemos trabajar?

Cuando pensamos en el trabajo o en el ministerio, hay dos grandes principios que debemos tener en cuenta:

Trabajo por imitación. Juan 8:38 *"Yo hablo y hago lo que he visto con mi Padre".*

Cuando hacemos lo que Dios nos pide hacer, entonces los recursos humanos y económicos estarán a nuestra disposición. Muchas veces nos embarcamos en proyectos que Dios no nos pidió, luego vienen los dolores de cabeza.

Pero para nuestra tranquilidad, si Dios nos pide hacer algo, él también proveerá de las personas y de los recursos. El sigue siendo el dueño del oro y de la plata. El es el Sponsor o patrocinador por excelencia de los poryectos que nacen en su corazón y que nos son revelados a nosotros para ponerlo en marcha.

Utilizando la ley del acuerdo . Mateo 18:18-19 *"En verdad os digo: todo lo que atéis en la tierra, será atado en el cielo; y todo lo que desatéis en la tierra, será desatado en el cielo. Además os digo, que si dos de vosotros se ponen de acuerdo sobre cualquier cosa que pidan aquí en la tierra, les será hecho por mi Padre que está en los cielos".*

Juan 14:13-14 *"Y todo lo que pidáis en mi nombre, lo haré, para que el Padre sea glorificado en el Hijo. Si me pedís algo en mi nombre, yo lo haré".*

Juan 16:23 *"En aquel día no me preguntaréis nada. En verdad, en verdad os digo: si pedís algo al Padre, os lo dará en mi nombre".*

Dios no nos ha creado para que seamos llaneros solitarios, sino que nos ha incertado dentro del cuerpo que se llama iglesia para que juntos busquemos de Dios y hallemos respuestas a nuestras necesidades. Al diablo no le da miedo una iglesia grande, pero sí se preocupa cuando dos o tres se ponen de acuerdo y en humildad se acercan a Dios. Ese ejercicio puede hacer temblar el mismo infierno.

MI PADRE TRABAJA

¿Cuál es el resultado del trabajo de Dios a través de nosotros?

Recordemos que como iglesia somos los brazos, las piernas, los ojos y el corazón de Dios. La iglesia es la agencia de salvación de Dios en la tierra, pero el Reino de Dios es mucho más grande que la iglesia. Como resultado de nuestro trabajo, en concordancia con Dios:

Personas conocen a Jesús. Los que creen en el mensaje pasan a ser hechos hijos de Dios (Juan 1:12).

Enfermos son sanados. Si durante el ministerio de Jesus los enfermos eran sanados, lo mismo puede ocurrir hoy porque Dios no ha cambiado. El sigue siendo el mismo ayer, hoy y por los siglos.

Oprimidos son liberados. Lucas 4 dice que Jesus fue ungido para liberar a los oprimidos. Cuando el Reino de Dios invade nuestro ser, todo lo que no es de Dios tiene que irse. Una vez que estoy en Cristo ya no necesito padecer las consecuencias de las influencias de los demonios en mi vida. Por causa de Su nombre puedo experimentar la libertad.

Las vidas son cambiadas. Una vez que estamos en Cristo todo es hecho nuevo otra vez (2 Corintios 5:17). Comenzamos a experimentar cambios en nuestras vidas, cambios en nuestro trabajo; puertas que estaban cerradas comienzan a abrirse.

Las familias son cambiadas. Una vez que estamos en Cristo no podemos volver a hacer lo que hacíamos antes porque ya no somos las personas que éramos antes. La Biblia dice que si crees, tu y tu casa serán salvas (Hechos 16:31). Si bien es una promesa que se le fue hecha al carcelero de Filipo, también es verdad que puedo reclamarla para mi vida. Cuando el evangelio entra a una familia ya nada vuelve a ser igual.

Comunidades enteras son cambiadas por el poder de Dios. Dios en Jeremías 29:7 nos exhorta diciendo: *"Trabajen por la paz y prosperidad de la ciudad donde los envié al destierro. Pidan al Señor por la ciudad, porque del bienestar de la ciudad dependerá el bienestar de ustedes".*

Como iglesia existimos para una importante razón: Que las vidas sean transformadas. Si eso no ocurre no nos diferenciamos de cualquier club de barrio u otra organización existente.

Para concluir este capítulo, permíteme hacerte dos preguntas: ¿Qué es lo que Dios ha hecho en tu vida en este último tiempo? ¿Que necesitas que Dios haga por ti hoy? Recuerda la ley del acuerdo:

Mateo 18:18-19 *"En verdad os digo: todo lo que atéis en la tierra, será atado en el cielo; y todo lo que desatéis en la tierra, será desatado en el cielo. Además os digo, que si dos de vosotros se ponen de acuerdo sobre cualquier cosa que pidan aquí en la tierra, les será hecho por mi Padre que está en los cielos".*

Juan 14:13-14 *"Y todo lo que pidáis en mi nombre, lo haré, para que el Padre sea glorificado en el Hijo. Si me pedís algo en mi nombre, yo lo haré".*

Juan 16:23 *"En aquel día no me preguntaréis nada. En verdad, en verdad os digo: si pedís algo al Padre, os lo dará en mi nombre".*

Oro para que el Padre continue haciendo su obra en medio de tu vida. Te animo a que encuentres a un hermano o hermana y te pongas de acuerdo con esa persona en buscar a Dios y clamar por necesidades o pedidos específicos. Si lo haces, te aseguro que algo sucederá.

11. JESÚS Y EL DESIERTO

Creo que todos alguna vez escuchamos frases como estas: "Estoy pasando por un desierto", o "Qué difícil es estar en el desierto", o "Este desierto me mata".

Cuando uno lee la Biblia se encuentra con dos posibles opciones relacionadas al desierto: Una, que uno mismo decida ir, esconderse o escaparse al desierto. De ser así, como lo hizo el profeta Elías cuando huía de la reina Jezabel; entonces los resultados no serán muy buenos. En el caso de Elías le agarró una profunda depresión, cayó en una auto-conmiseración que básicamente le costó el ministerio.

Pero hay otra alternativa, y es cuando Dios nos lleva al desierto. Cuando así sucede, entonces los resultados también son diferentes. Los desiertos muchas veces son sinónimos de pruebas. Las pruebas normalmente están diseñadas por Dios para saber si en verdad sabemos lo que creemos saber.

Cuando esa prueba es diseñada por Dios, cuando somos conducidos por él a ese desierto, entonces:

Experimentamos una nueva revelación de Dios

Normalmente cuando todo marcha bien es muy difícil que nosotros experimentemos a Dios de una manera más profunda y real. Pero cuando las cosas se ponen difícil, cuando estamos fuera de nuestra zona de confort, es entonces que Dios nos habla de maneras inesperadas.

Moisés, luego de estar 40 años lejos de Egipto, cuidando las ovejas de su suegro Jetro, en el desierto; tuvo una experiencia con Dios que le marcó la vida para siempre.

Éxodo 3:1-6 *"Y Moisés apacentaba el rebaño de Jetro su suegro, sa-cerdote de Madián; y condujo el rebaño hacia el lado occidental del desierto, y llegó a Horeb, el monte de Dios. Y se le apareció el ángel del SEÑOR en una llama de fuego, en medio de una zarza; y Moisés miró, y he aquí, la zarza ardía en fuego, y la zarza no se consumía. Entonces dijo Moisés: Me acercaré ahora para ver esta maravilla: por qué la zarza no se quema. Cuando el SEÑOR vio que él se acercaba para mirar, Dios lo llamó de en medio de la zarza, y dijo: ¡Moisés, Moisés! Y él respondió: Heme aquí. Entonces El dijo: No te acerques aquí; quítate las sandalias de los pies, porque el lugar donde estás parado es tierra santa. Y añadió: Yo soy el Dios de tu padre, el Dios de Abraham, el Dios de Isaac y el Dios de Jacob. Entonces Moisés cubrió su rostro, porque tenía temor de mirar a Dios".*

Estar en el desierto y ver arbustos quemarse por el fuego abrazador era algo normal; pero lo que no era normal era que el arbusto sestaba quemando, pero no se consumía.

Muchas veces perdemos la capacidad de experimentar una revelación nueva y fresca de Dios porque andamos a las apuradas. Moisés se tomo un buen tiempo para observar el fuego, luego que vio que quemaba y quemaba, pero que no se apagaba, la curiosidad lo atrajo hasta el lugar y allí es cuando Dios le habló y le dio una misión.

La presencia de Dios, cuando se hace real nos atrae, nos moviliza a levantarnos, dejar de hacer lo que hacíamos y acercarnos a Dios sabiendo que él tiene algo para decirnos o algo para recordarnos.

➩ JESÚS Y EL DESIERTO ⬅

Un amigo tuvo la oportunidad de hablar con el cacique de un pueblo originario en el Paraguay. Una organización cristiana le había construido a la comunidad un par de casitas, muy lindas; sin embargo ellos seguían viviendo en sus chozas y usaban esas casitas lindas como galpones para guardar sus cosas.

Estando reunidos con el jefe y otras personas de la comunidad, hablando sobre lo acontecido, luego de varios minutos de silencio y de mirar al suelo, el jefe levantó la vista y le dijo a los representantes de esta organización cristiana lo siguiente: *"El problema es que ustedes rascan donde no pica".*

Dios tiene la capacidad de rascar donde nos pica, pero muchas veces andamos demasiado rápido, muchas veces vemos el fuego, pero no observamos que este es diferente, que hay algo sobrenatural en el. Para experimentar a Dios de una manera nueva, indefectiblemente necesitamos bajar unos cambios y tomarnos el tiempo necesario.

En el desierto también..

Experimentamos una ingeniosa provisión de Dios

Los israelitas durante los 40 años en el desierto no trabajaron, pero fueron alimentados milagrosamente. La mano de Dios no se acortó ni un solo día.

El gas y la electricidad tienen su costo, sino observemos al final del mes o bimestre. Los israelitas tuvieron la luz y la calefacción en las frías noches del desierto y tuvieron su sombra y aire acondicionado en los largos días de calor; sin embargo todo eso no les costó nada.

Éxodo 13:21-22 *"El SEÑOR iba delante de ellos, de día en una columna de nube para guiarlos por el camino, y de noche en una columna de fuego para alumbrarlos, a fin de que anduvieran de día y de noche. No quitó de delante del pueblo la columna de nube durante el día, ni la columna de fuego durante la noche".*

No solamente tuvieron luz, calefacción y sombra gratis, sino que también el alimento. Lo único que tenían que hacer era levantarse por las mañanas y recoger todo lo necesario de pan y por las tardes carne para el día. Durante 40 años eso nunca les faltó.

Las heladeras y los frezeers han sido una excelente invención, pero también es cierto que muchas veces nos han producido crisis de fe al abrirlas y verlas vacías.

Nuestros antepasados vivían el día a día. No habían muchas formas de guardar comida por mucho tiempo. Los que vivían de la caza y la pesca todas las mañanas salían a buscar lo necesario. La acumulación tiene su lugar, pero si ésta se traduce en graneros más grandes para luego descansar, puede eclipsar nuestra fe en Dios para el día a día.

Éxodo 16:13, 31 *"Y sucedió que por la tarde subieron las codornices y cubrieron el campamento, y por la mañana había una capa de rocío alrededor del campamento. Y la casa de Israel le puso el nombre de maná, y era como la semilla del cilantro, blanco, y su sabor era como de hojuelas con miel".*

El agua es un elemento fundamental para el organismo del ser humano. Podemos pasar varios días sin comer, pero no sin líquido. Aún de eso Dios se preocupó de sus hijos en el desierto y les proveyó gratuitamente.

Deuteronomio 8:15 *"El te condujo a través del inmenso y terrible desierto, con sus serpientes abrasadoras y escorpiones, tierra sedienta donde no había agua; El sacó para ti agua de la roca de pedernal".*

Los shoping y las tiendas de ropa y calzado hubiesen quebrado a las pocas semanas de haberlas puesto allí en el desierto. Dios se encargó de que la ropa y el calzado de sus hijos no se gastaran durante los 40 años en el desierto.

Deuteronomio 29:5 *"Yo os he conducido durante cuarenta años en el desierto; no se han gastado los vestidos sobre vosotros y no se ha gastado la sandalia en vuestro pie".*

Lo que Dios ha hecho en el pasado por sus hijos, lo puede hacer en el presente.

JESÚS Y EL DESIERTO

1 Reyes 17:1-6 narra una historia muy interesante. Dice así: *"Entonces Elías tisbita, que era de los moradores de Galaad, dijo a Acab: Vive elSEÑOR, Dios de Israel, delante de quien estoy, que ciertamente no habrá rocío ni lluvia en estos años, sino por la palabra de mi boca. Y vino a Elías la palabra del SEÑOR, diciendo: Sal de aquí y dirígete hacia el oriente, y escóndete junto al arroyo Querit, que está al oriente del Jordán. Y beberás del arroyo, y he ordenado a los cuervos que te sustenten allí. El fue e hizo conforme a la palabra del SEÑOR, pues fue y habitó junto al arroyo Querit, que está al oriente del Jordán. Y los cuervos le traían pan y carne por la mañana, y pan y carne al atardecer, y bebía del arroyo".*

El Cuervo tiene la particularidad de que es un ser carnívoro. Díganme si Dios no tiene humor. Elías no solo tuvo que creer que Dios le iba a proveer de alimento estando allí, sino que también debía creer de que los cuervos no le comieran su sustento.

En estos últimos meses Dios nos ha sorprendido con ayudas de personas que hicieron el rol de cuervos, es decir, personas que aún necesitando para ellos decidieron invertir en nosotros. Personas que nos dieron no lo que les sobraba, sino de lo que también necesitaban.

Estando en el desierto también...

Experimentamos un renovado amor

Al igual que en el matrimonio, las amistades, etc. muchas veces nuestra relación con Dios se va apagando; vamos perdiendo ese primer amor. No es que deliberadamente decidimos dejar a Dios de lado, sino que poco a poco, al igual que una rana que la colocamos en una olla con agua fría y le subimos la temperatura de a poco, nos vamos cocinando con las preocupaciones de todos los días y cuando queremos darnos cuenta estamos en la casa, como el hermano mayor en la historia del hijo pródigo, pero perdidos y lejos de Dios. Pero él hace todo lo posible para que volvamos a estar cerca.

Oseas 2:14-15 *"Por tanto, he aquí, la seduciré, la llevaré al desierto, y le hablaré al corazón. Le daré sus viñas desde allí, y el valle de Acor por puerta de esperanza. Y allí cantará como en los días de su juventud, como en el día en que subió de la tierra de Egipto".*

Muchas veces Dios nos conduce a un desierto porque quiere que nos volvamos a enamorar de él, porque quiere hablarnos en intimidad a nuestro corazón, porque quiere transformar nuestros valles de lágrimas en una puerta de esperanza, es decir, quiere que nuestra historia sirva para llevar buenas nuevas a otros.

Todo lo que nos pasa, para aquellos que amamos a Dios y que fuimos llamados para un propósito, ayudan a bien. Hay dos cosas que te definen como persona: Tu paciencia cuando no tenes lo necesario y tu actitud y entereza cuando lo tenes todo.

Pero también en el desierto...

Experimentamos una nueva dimensión de poder

Lucas 4:1-2, 13-15 *"Jesús, lleno del Espíritu Santo, volvió del Jordán y fue llevado por el Espíritu en el desierto por cuarenta días, siendo tentado por el diablo. Y no comió nada durante esos días, pasados los cuales tuvo hambre. Cuando el diablo hubo acabado toda tentación, se alejó de El esperando un tiempo oportuno. Jesús regresó a Galilea en el poder del Espíritu, y las nuevas acerca de El se divulgaron por toda aquella comarca. Y enseñaba en sus sinagogas, siendo alabado por todos"*

Observemos este detalle. El versículo 1 y 2 nos dicen que Jesús estaba lleno y que fue llevado por el Espíritu Santo al desierto. Cuando el superó la prueba, cuando venció con la Palabra las tentaciones, Lucas concluye diciendo en el versículo 14 que Jesús regresó a Galilea en el poder del Espíritu Santo.

La salvación es gratuita, pero el peso del poder y la autoridad tienen un costo. Muchas veces nosotros queremos poder, pero no queremos pagar el precio.

A través de las pruebas, de las dificultades o del desierto, Dios forja nuestro carácter. Somos probados para que nuestro ego no se suba en la punta del pináculo. Cuando ministramos desde el quebranto, desde la debilidad, es más factible que Dios sea glorificado.

Trata de discernir si vos mismo te fuiste al desierto por tu cuenta o si Dios te condujo hasta allí. Si lo hiciste vos, has todo lo que esté a tu alcance para reconectarte con Dios.

Si fue Dios el que te condujo, persevera, se paciente, confía; a su debido tiempo el te introducirá a la tierra prometida. A su debido tiempo él te sacará de ese lugar con una nueva misión para cumplir. A su debido tiempo regresarás con un nivel más alto de poder y autoridad.

Podemos ver el desierto como un lugar feo o como un lugar apetecible. Si Dios nos conduce hasta allí habrá una revelación más fresca de su persona, recibiremos una nueva comisión, experimentaremos su cuidado sobrenatural y regresaremos con un nivel mas alto de poder y autoridad, de tal manera que las personas se asombrarán al vernos.

Yo no se vos, pero a mi me entraron unas ganas tremendas de estar en un desierto al cual Dios me haya dirigido; porque se que estando allí habrá una revelación más fresca de su persona, habrá un cuidado diferente de parte de Dios, me volveré a enamorar de él y regresaré en un nivel diferente de poder y autoridad.

12. LA FAMILIA DE JESÚS

Uno de los desafíos más grandes que tenemos como cristianos, cuando somos parte de una iglesia y nuestra familia de sangre se congrega junto a nosotros; o nuestros amigos son también de la misma congregación; es poder discernir entre la voluntad de Dios y nuestros familiares o amigos, relaciones que muchas veces están cargadas con sentimientos almáticos y que con frecuencia nos nublan la fe o el discernimiento.

Jesús era parte de una familia compuesta por padres, hermanos, primos, amigos; etc. Pero El siempre tuvo bien en claro cómo debían ser las cosas y pudo separar sentimientos genuinos de su responsabilidad para con Dios.

Al leer los evangelios con esos anteojos, nos encontramos con varios principios que dejó bien en claro, que para muchos de nosotros hoy día pueden sonar muy radicales.

Ajustarse a la ley del Padre

Uno de los mandamientos enseñados por Dios al pueblo de Israel fue: *"Honra a tu padre y a tu madre, como el SEÑOR tu Dios te lo ha ordenado, para que disfrutes de una larga vida y te vaya bien en la tierra que te da el SEÑOR tu Dios"* (Deuteronomio 5:16).

Vemos en los evangelios que Jesús durante su estadía en el hogar terrenal, se sujetó a sus padres.

Lucas 2:51-52 *"Y descendió con ellos y vino a Nazaret, y continuó sujeto a ellos. Y su madre atesoraba todas estas cosas en su corazón. Y Jesús crecía en sabiduría, en estatura y en gracia para con Dios y los hombres".*

Si bien este versículo habla de un evento de la niñez, también es cierto que el texto dice que *"continuó sujeto a ellos"*. En otras palabras, mientras estaba en la casa de sus padres, respetó la autoridad paterna como lo establecía la ley.

Cuando se retiró de su casa y comenzó su ministerio, ya tenía 30 años. A partir de allí se independizó en todos los aspectos.

Observemos el versículo que dice que vivir sujeto a sus padres le permitió crecer en sabiduría, en estatura y en gracia para con Dios y los hombres. Dios honra a aquellos que honran sus mandamientos.

Jesús tenía bien en claro cuál era su rol de hijo, cuáles eran los roles de sus padres y qué lugar ocupaba Dios en su vida.

Estar en los negocios del Padre

Lucas 2:48-50 *"Cuando sus padres le vieron, se quedaron maravillados; y su madre le dijo: Hijo, ¿por qué nos has tratado de esta manera? Mira, tu padre y yo te hemos estado buscando llenos de angustia. Entonces El les dijo: ¿Por qué me buscabais? ¿Acaso no sabíais que me era necesario estar en los negocios de mi Padre? Pero ellos no entendieron las palabras que El les había dicho".*

Este hecho ocurre cuando Jesús tenía 12 años y decide acompañar a sus padres, como era su costumbre, a Jerusalén para la pascua. Al perderse entre la multitud y ser buscado durante tres días, finalmente lo encuentran en el templo.

Cuando servimos a Dios, todo lo demás pasa a un plano secundario, horarios, comida, cansancio, etc. Estar en los negocios del Padre produce más satisfacción que cualquier otra cosa.

⇨ **LA FAMILIA DE JESÚS** ⇦

Jesús estuvo tres días en el templo, alejado de sus padres terrenales. Sin duda alguna que habrá tenido ganas de comer o de beber algo en esos días, sin embargo su compromiso con los negocios del Padre, que en este caso se presentaba como la enseñanza de la Palabra; era más importante que cualquier otra cosa.

Dejar familia y cosas por el Padre

Mateo 19:29 *"Y todo el que por mi causa haya dejado casas, hermanos, hermanas, padre, madre, hijos o terrenos, recibirá cien veces más y heredará la vida eterna".*

Dios no es un amo cruel. El no se comporta como el faraón, quien oprimía al pueblo pidiéndole más resultados pero dándoles menos materia prima. Dios provee para sus hijos todo lo necesario para esta vida y le regala la eternidad. Aquellos que buscan primero el Reino de Dios y su justicia; todo lo que necesitan lo recibirán como añadidura.

Dejar padre, madre o hermanos no significa abandonarlos sin asumir el compromiso que tenemos con la familia. Pero sí significa que le damos menos importancia y amamos menos que a Dios.

Amar menos a la familia que al Padre

Lucas 14:25-27 *"Grandes multitudes seguían a Jesús, y él se volvió y les dijo: «Si alguno viene a mí y no sacrifica el amor a su padre y a su madre, a su esposa y a sus hijos, a sus hermanos y a sus hermanas, y aun a su propia vida, no puede ser mi discípulo. Y el que no carga su cruz y me sigue, no puede ser mi discípulo".*

Es importante aclarar que amar a Dios no es sinónimo de ministerio. Que me pase todo el día en la iglesia y mi esposa, esposo, hijos o padres estén descuidados contradice la enseñanza bíblica.

Hay muchos pastores y líderes que sacrificaron a sus familias en el altar del ministerio, lo cual Dios no nos ha pedido. Pero *"amar a Dios más que a todos los demás"* sí significa que todos los demás pasan a ocupar un plano secundario en nuestro corazón.

JESÚS, ESTRATEGIA Y MISIÓN

Si estás pensando casarte y deseas que tu familia perdure en el tiempo, asegúrate entonces que tu futuro esposo o esposa ame más a Dios que a ti. Si tu futuro esposo o esposa no tiene problemas en poner a Dios en segundo lugar, ¿qué garantías tienes en que no te ponga a vos y luego a tus hijos en segundo o tercer lugar?.

Amar a Dios no se demuestra con palabras bonitas ni expresiones poéticas de alto nivel. Nuestro amor a Dios se demuestra obedeciendo sus mandamientos.

Jesús en Juan 14:21 ha sido muy claro en esto, al decir: *"¿Quién es el que me ama? El que hace suyos mis mandamientos y los obedece. Y al que me ama, mi Padre lo amará, y yo también lo amaré y me manifestaré a él"*.

El apóstol Juan toma esta verdad y le pone un ejemplo, al decir: *"En esto conocemos lo que es el amor: en que Jesucristo entregó su vida por nosotros. Así también nosotros debemos entregar la vida por nuestros hermanos. Si alguien que posee bienes materiales ve que su hermano está pasando necesidad, y no tiene compasión de él, ¿cómo se puede decir que el amor de Dios habita en él? Queridos hijos, no amemos de palabra ni de labios para afuera, sino con hechos y de verdad"* (1 Juan 3:16-18).

Tomar ventajas por encima de la voluntad del Padre

Jesús también tuvo en claro los peligros de la manipulación o los deseos de tomar ventajas por encima de la voluntad del Padre.

Juan 2:3-4 *"Cuando el vino se acabó, la madre de Jesús le dijo: Ya no tienen vino. Mujer, ¿eso qué tiene que ver conmigo? —respondió Jesús—. Todavía no ha llegado mi hora"*.

Mateo 20:20-23 *"Entonces la madre de Jacobo y de Juan, junto con ellos, se acercó a Jesús y, arrodillándose, le pidió un favor. ¿Qué quieres? —le preguntó Jesús. Ordena que en tu reino uno de estos dos hijos míos se siente a tu derecha y el otro a tu izquierda. No saben lo que están pidiendo —les replicó Jesús—. ¿Pueden acaso beber el trago amargo de la copa que yo voy a beber?. Sí, podemos. Ciertamente beberán de mi* *copa —les dijo Jesús—, pero el sentarse a mi derecha o a mi izquierda no me corresponde concederlo. Eso ya lo ha decidido mi Padre".*

El espíritu de familiaridad muchas veces ha destruido ministerios y vidas espirituales. Supongamos que un familiar mío se retira de la congregación porque obró equivocadamente y el liderazgo tuvo que corregirlo, entonces ¿me retiraré yo también en complicidad con ese familiar?. ¿Hacia quien debería ser en primer lugar mi lealtad? ¿Hacia Dios o hacia los familiares?

María quiso utilizar su rol de madre para adelantar los tiempos de Dios. La madre de Jacobo y Juan quiso utilizar su influencia para acomodar a sus hijos. Observemos que en ambos casos Jesús hizo caso omiso a la ventaja que estas mujeres tenían y se sujetó a los designios de su Padre en primer lugar.

La unción no es un elemento que pueda manipular u ordenar a que realice lo que yo quiera. Necesito recordarme una y otra vez que Jesús es el Señor y yo soy siervo. Necesito recordarme que el Espíritu Santo me fue dado para guiarme y no para que yo le guía a hacer lo que yo quiero.

Reconocer en otros la unción del Padre

Lucas 7:28a *"Les digo que entre los mortales no ha habido profeta más grande que Juan el Bautista"*

Jesús no tuvo ningún inconveniente en reconocer en su primo Juan el Bautista la presencia de Dios sobre su vida y ministerio. Lamentablemente muchas veces el espíritu de familiaridad hace que nosotros no veamos lo que hay de Dios en otras personas.

Muchos piensan por ejemplo: si tengo que escoger entre un familiar que tiene el llamado o la unción para desarrollar un ministerio y otra persona que no es familiar pero que tampoco tiene el llamado o la capacidad, igual escojo al segundo porque no es familiar.

Jesús no rechazó el ministerio de su primo, ni tampoco Dios rechazó años más tarde que dos o tres de los hermanos de sangre de Jesús y su madre fueran líderes prominentes en la iglesia primitiva. No debemos ni rechazar ni aceptar abiertamente a alguien simplemente porque es familiar. Lo que debería determinar en nuestras relaciones es si la presencia de Dios y el llamado están vigentes.

En Nazaret Jesús no pudo hacer muchos milagros porque todos lo conocían. La gente sabía que Jesús era hijo del carpintero José, que su madre era María y que los hermanos andaban con los hijos de ellos. Ellos no alcanzaron a ver la presencia de Dios en la vida de Jesús. Hubo profeta entre ellos, pero lo que no hubo fue reconocimiento de profeta.

Nunca permitamos que el espíritu de familiaridad destruya lo que Dios puede y quiere hacer a nuestro favor por medio de personas a quienes conocemos o mantenemos una relación.

Escuchar lo que dice el Padre

Lucas 8:21 *"Jesús dijo: Mi madre y mis hermanos son los que oyen la palabra de Dios y la ponen en práctica"*

En el hebreo bíblico, la acción de oír y obedecer tienen la misma raíz. Cuando nosotros decimos que escuchamos la Palabra de Dios, estamos diciendo que la obedecemos, que la ponemos en práctica.

Observemos que para Jesús las cuestiones de la sangre pasan a un segundo plano y las cuestiones del Espíritu toman el primer lugar. La salvación no es hereditaria. Que yo nazca en un garaje no me hace auto ni que nazca en un hospital me hace cama ortopédica. Para ser salvo necesito nacer de nuevo, necesito tener una experiencia personal con Jesús. Y para crecer en la fe como cristiano necesito escuchar y obedecer la Palabra de Dios.

Para Dios es mucho más importante mi obediencia hacia él que el apellido que porto o la sangre que corre por mis venas, o los amigos con los que me relaciono o el lugar que puedo ocupar en algún ministerio.

Hacer la voluntad del Padre

Juan 15:13-15 *"Nadie tiene amor más grande que el dar la vida por sus* *amigos. Ustedes son mis amigos si hacen lo que yo les mando. Ya no los llamo siervos, porque el siervo no está al tanto de lo que hace su amo; los he llamado amigos, porque todo lo que a mi Padre le oí decir se lo he dado a conocer a ustedes".*

Para Jesús la obediencia a la voluntad de Dios es más importante que las relaciones de parentesco o que las amistades. Para él sus hermanos, padres, madres o amigos son solamente los que hacen lo que él les manda.

Al principio, ni su madre ni sus hermanos entendieron este tema; sin embargo luego de su muerte, resurrección y ascensión ellos se convirtieron de corazón y creyeron no en el Jesús hijo o hermano de sangre, sino en Jesús el Salvador, el Hijo de Dios a tal extremo que algunos dieron su vida por Jesús y fueron martirizados.

El resumen de todo lo visto está encerrado en el primer y gran mandamiento, que Jesús lo redujo de esta manera: *"Amarás al Señor tu Dios con todo tu corazón, y con toda tu alma, y con toda tu mente"* (Mateo 22:37).

El peligro más grande que corremos los cristianos es olvidarnos de Dios, de colocarlo en segundo o tercer lugar y en nombre de la fe colocar nuestros trabajos, familias o ministerios en primer lugar. No hay posibilidad de una vida plena invirtiendo los roles o las prioridades.

Dios nos desafía hoy a volver a ese primer amor, a regresar a la fuente de vida, a colocar a Dios por encima de todas las personas o cosas y de esa manera experimentar la plenitud o completud que el evangelio nos ofrece.

13. VENCIENDO EL SISTEMA

Uno de los desafíos más grandes que tenemos como cristianos es vencer al sistema que impera. Somos pueblo de una contra cultura. La iglesia es un grupo de millones de personas que vive el mundo al revés.

Pablo, escribiendo a los romanos, les decía: *"No se amolden al mundo actual, sino sean transformados mediante la renovación de su mente. Así podrán comprobar cuál es la voluntad de Dios, buena, agradable y perfecta"* (Romanos 12:2).

¿Cómo podemos no amoldarnos cuando todo parece decir que eso es lo normal? ¿Cómo algo pesado como un avión puede vencer la ley de la gravedad? Simplemente porque se aplica otra ley que es la de sustentabilidad, la misma que utilizan las aves para volar. La combinación de velocidad y aerodinámica.

¿Cómo puede un barco gigante flotar? Porque se aplica la ley de empuje y peso. Si el objeto a flotar es mas pesado que el agua, seguramente se ira al fondo. Eso uno lo puede comprobar con 4 objetos del mismo tamaño. Por ejemplo un cubo de hierro, de hielo, de madera o de corcho. El primero se va al fondo, el segundo va a tener mas superficie debajo del agua que afuera. La madera tendrá mitad y mitad y el corcho estará la mayor parte sobre la superficie.

⇒ JESÚS, ESTRATEGIA Y MISIÓN ⇐

¿Cómo nosotros los cristianos podemos vencer el sistema que impera en este mundo? ¿Como podemos mantenernos a flote en un sistema que tiende a hundirnos? ¿Cómo podemos sobreponernos a las dificultades y volar como águilas en un sistema que quiere atornillarnos al piso y no permitir elevarnos? ¿Cómo podemos vivir vidas cambiadas en un sistema que quiere desvirtuar a todos?

Sepamos que en los últimos tiempos el problema no será si creemos o no en Jesús, el problema será si sólo queremos creer en Jesús.

En la época del imperio Romano no había problemas con los cristianos que creían en Jesús, el problema o la persecución se presentó cuando ellos no quisieron aceptar al César como un dios y no quisieron aceptar otras creencias como la diosa Diana de Éfeso.

Hay un pasaje en los evangelios, que releyéndolo en estos días el Espíritu Santo me habló sobre algunos principios a tener en cuenta si queremos vencer al sistema y sobrevivir a la fe.

Jesús en Lucas 8:4-8 dice así: *"De cada pueblo salía gente para ver a Jesús, y cuando se reunió una gran multitud, él les contó esta parábola: Un sembrador salió a sembrar. Al esparcir la semilla, una parte cayó junto al camino; fue pisoteada, y los pájaros se la comieron. Otra parte cayó sobre las piedras y, cuando brotó, las plantas se secaron por falta de humedad. Otra parte cayó entre espinos que, al crecer junto con la semilla, la ahogaron. Pero otra parte cayó en buen terreno; así que brotó y produjo una cosecha del ciento por uno".*

Versículos más adelante Jesús aclararía a sus discípulos que la semilla es La Palabra de Dios y que nosotros somos los diferentes terrenos.

En esta parábola Jesús nos advierte de un sistema que está colapsado y nos ayuda a entender este tema de vencer al sistema y nos comparte 4 importantes principios.

Al corazón duro: El sistema lo come

Vs. 5 *"Un sembrador salió a sembrar. Al esparcir la semilla, una parte cayó junto al camino; fue pisoteada, y los pájaros se la comieron".*

La semilla que cayó junto al camino fue pisoteada y comida. Es decir, lo que recibiste de parte de Dios, por causa de la dureza de tu corazón el enemigo la pisoteó, la menospreció y te quitó.

Millones de personas escucharon hablar de Jesús y de la Biblia, sin embargo prefirieron endurecer sus corazones y no creer esa verdad. Las circunstancias de la vida, el entorno de nuestro crecimiento, la educación que recibimos, las malas experiencias vivimos; son todos componentes que hacen que un corazón esté mas duro que otro.

Es por eso que Dios debe ingresarnos a un programa de rediseño, donde nuestro corazón comienza a ablandarse. A veces nos encontramos con pueblos, ciudades o naciones que están cerradas al evangelio, pero que luego de algunas crisis sumado a las oraciones de cristianos y a la predica constante esa tierra se ablanda.

Al corazón superfluo: El sistema lo seca

Vs. 6 *"Otra parte cayó sobre las piedras y, cuando brotó, las plantas se secaron por falta de humedad"*.

Cuando le ofrecemos a Dios un corazón mezclado con piedras, es decir con rencores, con falta de perdón, con ambiciones desmedidas, con deseos de prosperar a cualquier precio; entonces lo que recibimos de Dios germina, pero al no tener los condicionamientos óptimos de abono, tierra y humedad, esa semilla que germinó al poco tiempo se termina de secar.

No podés sobrevivir y menos vencer al sistema teniendo una creencia superflua, condicionada únicamente a si no hay lluvia, ni sol, ni seca, etc. Cuando las cosas marchan bien, cualquiera es un buen cristiano.

Desde la perspectiva de Jesús, los verdaderos cristianos se ven cuando las tormentas golpean la casa con ímpetu y esta se mantiene en pie. No podemos sobrevivir en el tiempo con un evangelio aguado, carente de Palabra y contenido. Nuestra fe no puede ser ejercitada, a menos que pasemos por dificultades.

Al corazón mixto: El sistema lo confunde

Vs. 7 *"Otra parte cayó entre espinos que, al crecer junto con la semilla, la ahogaron".*

Los espinos, al igual que la cizaña en la Biblia, representan las falsas creencias. Muchas veces nos encontramos con personas que dicen: probé el cristianismo pero no me funcionó.

Pero cuando uno comienza a investigar un poco descubre que, además de creer en Jesús también cree en la virgen, en los santos, en el gauchito gil, en el horóscopo, en las cartas, en los adivinos, en la parapsicología, en las profecías de Nostradamus, en los luminatis, en la masonería o en los vaticinios de cualquier profeta que tiene acceso a algún medio de comunicación.

No hay posibilidad de sobrevivir en el tiempo si en nuestro corazón hay mezclas. Por mas agua clara que le agregues a una jarra de agua que sacaste de la cloaca, nunca será apta para beber, siempre quedará algún microbio, germen o parásito.

El verdadero cristianismo es una creencia radical, es todo o nada. O Jesús me salva el 100 % o no me salva nada. O llego al Padre sólo a través de Jesús o mi vida siempre estará desorientada y con falta de paz y perdido por la eternidad.

Si queremos experimentar una verdadera relación con Jesús es imperioso y necesario que yo renuncie a toda otra creencia y me aferre sólo a Jesús. Eso puede significar que me tilden de intolerante o fanático, pero si no me defino solo por Jesús, lo hibrido no me permitirá llevar frutos que perduren.

Al corazón bueno: Lo sobrenatural produce fruto

Vs. 8 *"Pero otra parte cayó en buen terreno; así que brotó y produjo una cosecha del ciento por uno".*

Un terreno bueno es el resultado no del perfeccionismo y del no pecado. Un buen terreno es el resultado de una vida de arrepentimiento, de confesión, de meditación en la Palabra, de una apertura continua a la obra del Espíritu Santo, de una vida de servicio y entrega, de un andar en los pasos del Maestro.

Cuando depositamos nuestra fe en Jesús y le creemos a él, entonces el sistema es vencido. La tierra produce sus frutos a 30, 60 y 100 por uno. La vida de esa persona produce frutos en otras vidas que son conducidas a los pies de Jesús.

En Apocalipsis 12 hay una descripción muy vívida de una guerra entre dos sistemas; entre la simiente de la mujer, es decir nosotros y el dragón, es decir el diablo y sus sistemas. Lo bueno de esta historia es que finalmente los cristianos vencen al enemigo y sus sistemas.

Dice así: *"Ellos lo vencieron por medio de la sangre del Cordero y por la palabra del testimonio de ellos, y no amaron sus vidas, llegando hasta sufrir la muerte"* (Apocalipsis 12:11).

Observemos que el sistema es vencido por causa de tres cosas:

Por causa de la sangre del Cordero. Es decir por causa de nuestra fe en Jesús. Fuera de Jesús no hay posibilidad alguna de vencer al sistema y terminar bien. La muerte de Jesús en la cruz ha sido suficiente para saldar la deuda que teníamos con Dios.

Por causa de nuestro testimonio. Nuestra vida habla más fuerte que nuestras palabras. Mas que ofrecerles consejos a nuestros hijos, debemos mostrarles ejemplos. No solo debemos predicar las buenas nuevas de Jesús con nuestras palabras, sino que debemos enseñarles a los demás como se vive el evangelio con nuestro ejemplo.

Por causa de nuestra fidelidad y entrega. Cuando Jesús dice por ejemplo en Apocalipsis 2:10 que "debemos serle fiel hasta la muerte, y que nos dará la corona de la vida" no está diciendo necesariamente que debemos serle fiel y creer en él solamente los 60, 70 u 80 años de vida que tengamos. Lo que realmente el quiere decir es que, debemos creerle y serle fiel, aún si esa fe nos costara la vida. Recordemos que si nos avergonzamos de él en esta vida, el se avergonzará de nosotros ante el Padre.

JESÚS, ESTRATEGIA Y MISIÓN

¿Quieres ser un vencedor del sistema? Ofrécele a Dios siempre un corazón bueno, dispuesto, trabajado, limpio para que ese poder sobrenatural que está en vos pueda llevar fruto.

Confía en Jesús para tu eternidad y para todo lo que emprendas en esta vida. Has de la fe en él la vértebra de tu existencia. Vive hoy de tal manera como si fuera tu último día de vida y decide en tu interior morir a tu yo para que si fuera necesario puedas respaldar tu fe en Jesús con tu propia vida, pero en especial para que cada día decidas escoger su cruz y seguirle.

CONCLUSIÓN
LA MISIÓN DE JESÚS, NUESTRA MISIÓN

Una de las evidencias del éxito de algo que nos proponemos hacer es la continuidad de lo que emprendimos. Se dice que si queremos saber si tuvimos éxito como padres, necesitamos indefectiblemente ver como nuestros hijos educan a nuestros nietos.

Cuando estudiamos el ministerio de Jesús podemos observar que él no tuvo un plan B. Durante tres años y medio el se dedicó a enseñar, realizar milagros, prodigios y señales. Durante ese período sus discípulos vieron y escucharon de primera mano lo que debían enseñar y cómo debían llevar adelante la tarea que Jesús les había encomendado.

Antes de ascender al cielo, Jesús les dio una misión, que era llevar adelante lo que Jesús había comenzado. Lo que hasta ese entonces estaba limitado a las fronteras de Israel, ahora el mundo sería esa gran capilla.

Al concluir este libro, quiero proponerte en las siguientes páginas que podamos ver la misión de Jesús como nuestra misión y tratar de aplicar en nuestras vidas y ministerios principios y valores que se han propuesto en cada capítulo de este libro.

Cuando leemos en los evangelios el relato de la gran comisión, especialmente en la versión de Lucas, podemos observar que una misión nos asegura ciertas promesas.

"Éstas son las palabras que os hablé estando aún con vosotros: que era necesario que se cumpliera todo lo que está escrito de mí en la Ley de Moisés, en los Profetas y en los Salmos. Entonces les abrió el entendimiento para que comprendieran las Escrituras; y les dijo: Así está escrito, y así fue necesario que el Cristo padeciera y resucitara de los muertos al tercer día; y que se predicara en su nombre el arrepentimiento y el perdón de pecados en todas las naciones, comenzando desde Jerusalén. Vosotros sois testigos de estas cosas. Ciertamente, yo enviaré la promesa de mi Padre sobre vosotros; pero quedaos vosotros en la ciudad de Jerusalén hasta que seáis investidos de poder desde lo alto. Después los sacó fuera hasta Betania y, alzando sus manos, los bendijo. Aconteció que, mientras los bendecía, se separó de ellos y fue llevado arriba al cielo. Ellos, después de haberlo adorado, volvieron a Jerusalén con gran gozo; y estaban siempre en el Templo, alabando y bendiciendo a Dios. Amén" (Lucas 24:44-53).

En este pasaje encontramos básicamente 6 promesas o verdades:

Recibir poder

"Ciertamente, yo enviaré la promesa de mi Padre sobre vosotros; pero quedaos vosotros en la ciudad de Jerusalén hasta que seáis investidos de poder desde lo alto" (Lucas 24:49).

Dios no nos comisiona a hacer algo sin darnos el poder o la autoridad para hacerlo. Cuando el nos dice vayan a predicar, liberen a los oprimidos, sanen a los enfermos; primeramente nos asegura que tenemos la autoridad para hacerlo. Cuando Jesús llama, él tambien capacita.

En Lucas 4:18-19 Jesús dice: *"El Espíritu del Señor está sobre mí, por cuanto me ha ungido para dar buenas nuevas a los pobres; me ha enviado a sanar a los quebrantados de corazón, a pregonar libertad a los cautivos y vista a los ciegos, a poner en libertad a los oprimidos y a predicar el año agradable del Señor"*.

La palabra griega para poder es *"dunamis"*, de la cual proviene nuestra palabra española "dinamita". Lo que Dios nos ofrece es un poder sobrenatural para que nos movamos en este mundo natural con una autoridad superior a la que experimenta el mundo. Jugamos con la carta ganadora.

Recibir su bendición

La palabra bendición, *"eulogeo"* en griego, significa conferir una bendición u obrar con bondad hacia alguien. Pablo, tomando esta idea, en Efesios 1:3 nos dice *"Bendito sea nuestro Dios y Padre que nos ha bendecido con toda bendición espiritual en los lugares celestiales en Cristo".*

Cuando Jesus ora y bendice a sus discípulos, el les transfiere las riquezas del cielo para que sus discípulos puedan experimentar una porción del cielo aquí en la tierra. Lucas nos dice: *"Después los sacó fuera hasta Betania y, alzando sus manos, los bendijo. Aconteció que, mientras los bendecía, se separó de ellos y fue llevado arriba al cielo"* (Lucas 24:50-51)..

Cuando aceptamos la misión que Dios nos encomienda y vivimos acorde a los principios del Reino, la Biblia nos dice que la bendición de Dios nos perseguirá y nos alcanzará. Deuteronomio 28:1-2 registra: *"Acontecerá que si oyes atentamente la voz de Jehová, tu Dios, para guardar y poner por obra todos sus mandamientos que yo te prescribo hoy, también Jehová, tu Dios, te exaltará sobre todas las naciones de la tierra. Y vendrán sobre ti y te alcanzarán todas estas bendiciones, si escuchas la voz de Jehová, tu Dios".*

Muchas veces nos encontramos como cristianos orando para que Dios nos bendiga, pero la realidad es que él ya nos bendijo y no se guardó nada. Nos bendijo con toda bendición espiritual.

Ser testigos

Lucas registra que Jesús les dijo a sus discípulos: *"Vosotros sois testigos de estas cosas"* (Lucas 24:48)..

La palabra "testigo" proviene de la palabra griega *"marturia"* de la cual se deriva la palabra mártir. Un mártir o testigo es alguien que simplemente da testimonio o habla favorablemente de algo que vio u oyó.

Nosotros no estamos llamados a prediar otro evangelio o inventar una nueva religión. Nuestra responsabilidad es contar las cosas que vimos y escuchamos hablar y hacer a Jesús. Nosotros no tenemos un mensaje propio. Al igual que la luna refleja la luz del sol, del mismo modo nosotros hablamos lo que oimos de Jesús.

Juan en su primera carta 1:1-4 dice: *"Lo que existía desde el principio, lo que hemos oído, lo que hemos visto con nuestros ojos, lo que hemos contemplado y lo que han palpado nuestras manos, acerca del Verbo de vida (pues la vida fue manifestada, y nosotros la hemos visto y damos testimonio y os anunciamos la vida eterna, la cual estaba con el Padre y se nos manifestó); lo que hemos visto y oído, os proclamamos también a vosotros, para que también vosotros tengáis comunión con nosotros; y en verdad nuestra comunión es con el Padre y con su Hijo Jesucristo. Os escribimos estas cosas para que nuestro gozo sea completo".*

Adoración y alabanza

Lucas registra que *"Ellos, (los discípulos) después de haberlo adorado, volvieron a Jerusalén con gran gozo; y estaban siempre en el Templo, alabando y bendiciendo a Dios".*

La palabra adoración en griego es *"proskuneo"* y esta significa: reverencia, postrarse, arrodillarse o caer a los pies de otro. Lo cierto es que estos discípulos no pudieron mantenerse en pie ante tanta majestad.

Cuando nosotros experiementamos el perdón de nuestros pecados, cuando somos reconciliados con Dios y pasamos de ser enemigos a amigos, cuando Dios nos da una misión y nos involucra por gracia en sus negocios, entonces lo menos que podemos hacer es adorarlo, es reconocer su grandeza. No podemos dejar de alabarlo, es decir hablar de las maravillas que el ha hecho en y por nosotros.

Ellos, luego de recibir esta gran misión le adoraron y luego regresaron al templo y comenzaron a hablar acerca de las maravillas que Jesus había hecho. Como resultado de esa acción lograron en pocas horas reunir un grupo de 120 personas que decidieron subir a un aposento y esperar la promesa del Espíritu Santo.

No hay tarea evangelizadora efectiva sin una vida de adoración y alabanza al que nos salvó de nuestros pecados y nos introdujo a una vida plena. No hay fuerza evangelizadora a menos que estemos rendidos a los pies y muertos de amor por nuestro Salvador Jesus.

Orar con expectativas

Lucas, en Hechos 1:12-14 escribe como una continuidad de este encuentro con Jesús y registra lo siguiente: *"Entonces regresaron a Jerusalén desde el monte llamado de los Olivos, que está cerca de Jerusalén, camino de un día de reposo. Cuando hubieron entrado en la ciudad, subieron al aposento alto donde estaban hospedados, Pedro, Juan, Jacobo y Andrés, Felipe y Tomás, Bartolomé y Mateo, Jacobo hijo de Alfeo, Simón el Zelote y Judas, hijo de Jacobo. Todos éstos estaban unánimes, entregados de continuo a la oración junto con las mujeres, y con María la madre de Jesús, y con los hermanos de El"*.

No hay nada más dañino para la vida de oración que orar sin expectativas y hacerlo simplemente por repetición. Las expresión *"Todos éstos estaban unánimes, entregados de continuo a la oración junto con las mujeres"*, tiene una redundancia de palabras que en forma resumida quieren decir *"ponerse de acuerdo"*.

Al enseñar sobre la oración, Jesús les había dicho a sus discípulos: *"Yo te daré las llaves del reino de los cielos; y lo que ates en la tierra, será atado en los cielos; y lo que desates en la tierra, será desatado en los cielos. Además os digo, que si dos de vosotros se ponen de acuerdo sobre cualquier cosa que pidan aquí en la tierra, les será hecho por mi Padre que está en los cielos. Porque donde están dos o tres reunidos en mi nombre, allí estoy yo en medio de ellos"* (Mateo 16:19 y 18:19-20).

Los discípulos comenzaron a practicar lo que Jesús les habá enseñado. Se pusieron de acuerdo, perseveraron y oraron con expectativas de que Dios iba a hacer algo dentro de pocos días. Los días y las noches comenzaron a transcurrir. Parecía que nada sucedía, pero en la mañana del décimo día algo pasó.

Lucas registra en Herchos 2:1-4: *"Cuando llegó el día de Pentecostés, estaban todos juntos en un mismo lugar. De repente vino del cielo un ruido como el de una ráfaga de viento impetuoso que llenó toda la casa donde estaban sentados, y se les aparecieron lenguas como de fuego que, repartiéndose, se posaron sobre cada uno de ellos. Todos fueron llenos del Espíritu Santo y comenzaron a hablar en otras lenguas, según el Espíritu les daba habilidad para expresarse".*

Si nosotros continuamos orando, si continuamos poniéndonos de acuerdo, llegará un día en donde la presencia de Dios descenderá en medio de nosotros y nuestras vidas nunca más serán iguales.

Estos discípulos fueron revestidos de poder. La gloria de Dios llenó sus vidas y como consecuencia las calles de Jeruslaén fueron revolucionadas. La iglesia de Jesús fue gestada en el aposento alto, pero fue parida en las calles de Jerusalén.

Experimentar Gozo

Lucas dice que como consecuencia de haber estado con Jesús, de adorarlo, de recibir esa gran misión, sus corazones se llenaron de gozo. *"Ellos, después de haberlo adorado, volvieron a Jerusalén con gran gozo".*

La palabra griega *"Jaras"* significa gozo, regocijo y motivo de alegría. La vida puede ser difícil, pero si conocimos a Dios y recibimos una misión que cumplir, entonces nuestros corazones pueden estar llenos de gozo y alegría, porque tenemos un propósito para vivir.

Cuando analizamos esta gran comisión observamos que primero recibimos poder y bendición para que luego podamos ser testigos. Siendo testigos oramos a Dios y le ofrecemos nuestra adoración y alabanza. Y como consecuencia de todo eso experimentamos el gozo.

El gozo, la felicidad o la alegría no son un fin en sí mismo, sino el resultado de una vida de obediencia y de la manifestación de Dios en nuestras vidas.

Hoy Dios nos llama a la obediencia, a asumir la responsabilidad que nos ha sido encomendada y como consecuencia de ello experimentaremos el verdadero gozo, la verdadera felicidad.

La misión de Jesús es nuestra misión. Por medio de él recibimos poder y bendición para ser testigos y rendirle la alabanza y la adoracion que sólo él se merece. Y si oramos con expectativas seremos rebalsados de su gozo.

Quiera Dios que al leer este libro, cada uno de nosotros podamos imitar su obra, encontrar nuestra plena identidad en Cristo, descubrir nuestro propósito en esta vida, hacer uso correcto del poder y la autoridad que se nos ha sido conferido, experimentar esa gracia extrema y convertirnos en portadores de gracia hacia un mundo necesitado de ella, ejercitar correctamente los dones que nos ha sido dado, servirle al único que se merece, hasta que no tengamos más aliento, que podamos disfrutar de la herencia que hemos recibido y de ser parte de una gran familia y que con todo lo previo, podamos vencer al sistema y ser embajadores de Jesús en el establecimiento y la expansión de Su Reino. Dios te sorprenda y que la revelación recibida siga en aumento.

OTROS LIBROS DEL AUTOR

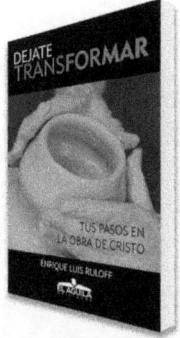

⇨ OTROS LIBROS DEL AUTOR ⇦

Puede encontrar estos libros en formato e-book en:
www.amazon.com
Autor: Enrique Ruloff

Para contactarse con el autor:
E-mail: enriqueruloff@hotmail.com o fit.director@yahoo.com
Facebook: Enrique Ruloff - Escritor Twitter: @EnriqueRuloff
Tel. (+54) 011-4799-8533

www.ingramcontent.com/pod-product-compliance
Lightning Source LLC
LaVergne TN
LVHW091310080426
835510LV00007B/442